培训经理进阶指南

世纪波
Century Wave

TRAIN
Advanced Guide

MANAGER

培训经理
进阶指南

◇江政 任强 —————— 著

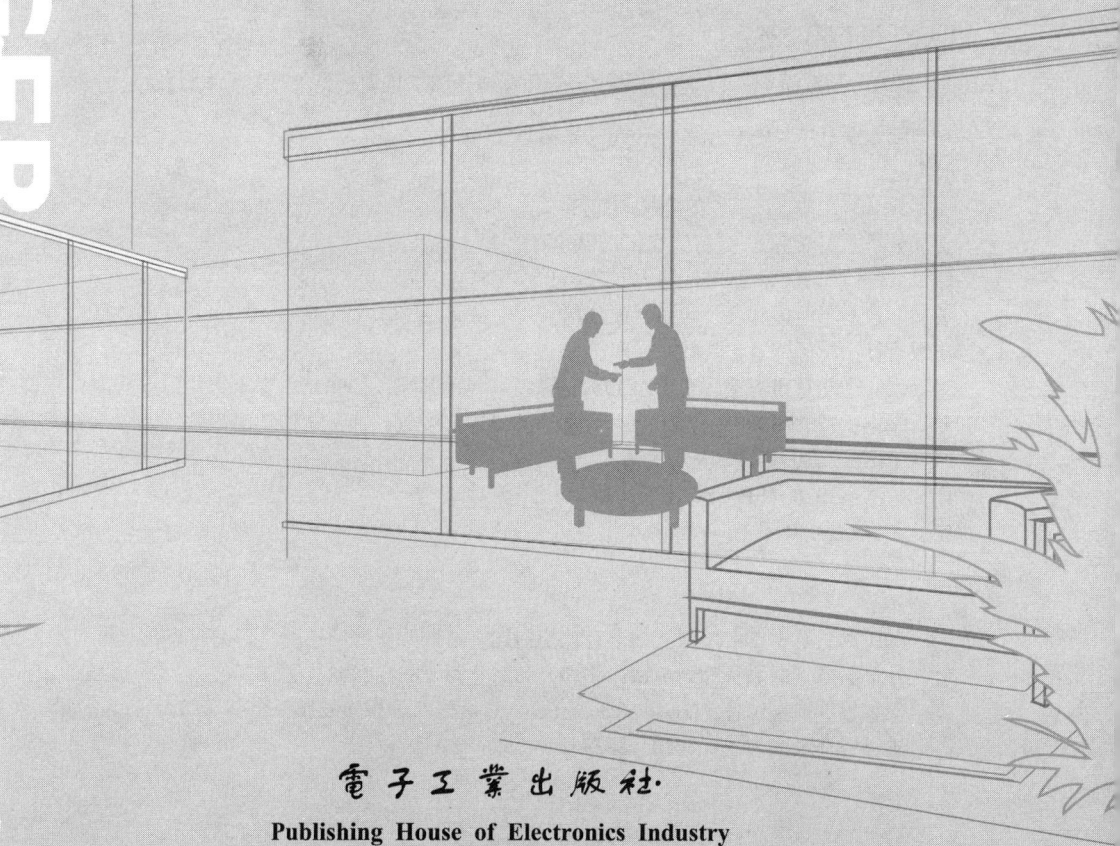

電子工業出版社·
Publishing House of Electronics Industry
北京·BEIJING

图书在版编目（CIP）数据

培训经理进阶指南 / 江政，任强著. —北京：电子工业出版社，2020.11

ISBN 978-7-121-39826-1

Ⅰ. ①培… Ⅱ. ①江… ②任… Ⅲ. ①企业管理－职工培训－指南 Ⅳ. ①F272.921-62

中国版本图书馆 CIP 数据核字（2020）第 205512 号

责任编辑：吴亚芬　　　特约编辑：田学清
印　　刷：三河市鑫金马印装有限公司
装　　订：三河市鑫金马印装有限公司
出版发行：电子工业出版社
　　　　　北京市海淀区万寿路 173 信箱　　　　邮编：100036
开　　本：720×1000　　1/16　　印张：12.25　　字数：199 千字
版　　次：2020 年 11 月第 1 版
印　　次：2020 年 11 月第 1 次印刷
定　　价：59.00 元

凡所购买电子工业出版社图书有缺损问题，请向购买书店调换。若书店售缺，请与本社发行部联系，联系及邮购电话：（010）88254888，88258888。

质量投诉请发邮件至 zlts@phei.com.cn，盗版侵权举报请发邮件至 dbqq@phei.com.cn。

本书咨询联系方式：（010）88254199，sjb@phei.com.cn。

前　言

在做培训的这些年中，经常有人问我们："老师，我对培训比较感兴趣，想要开始学习这方面的知识，您有什么书可以推荐给我吗？"每到这个时候，我们都不知道应该如何回答。

市场上确实有很多非常棒的有关培训的书，总体上可以分为三类：第一类适合培训总监和企业大学校长阅读，关注的是人才培养工作的战略承接、体系设计；第二类适合高阶培训经理阅读，关注的是成果落地，需要对培训工作有一定的积累和思考；第三类适合有一定基础的培训讲师阅读，关注的是如何提升课程设计能力。这些书对从事培训工作多年的人来说，依然有很多启发和帮助，然而它们真的适合作为培训新手的入门读物吗？

此外，我们注意到，这些书大多重点关注的是培训专业技术某一维度的科学方法论，而且基本遵循从"需求挖掘与分析"到"培训实施与效果落地"再到"迭代或革新"的专业线路图。因此，对一个培训新手来说，或者对一个正在成长的培训经理来说，他很难直接从这些书中找到自己遇到的工作场景或工作任务，所以需要花很多精力从这些书中找到与自己当前工作相结合的点，并进行二次"消化"，才能为己所用。

综合上述因素，我们思考：是否有一本书，不是基于培训专业技术的科学方法论，而是基于企业内部培训管理岗位（包括培训专员、培训主管、培训经理、培训总监、业务部门指定的部门培训负责人、HRBP[①]，本书统称培训经理）会遇

---

① HRBP：人力资源业务合作伙伴，英文全称为 HR Business Partner。

到的真实的、典型的工作场景和工作任务来创作的。刚入门的培训新手通过这本书能够了解一个做培训的人需要做些什么、会遇到什么，需要进阶的人通过这本书能够从中找到与自己当前的工作场景和工作任务相似的工作场景和工作任务，从而进行针对性阅读呢？是否有一本书，能够清晰地描绘出培训"小白"在培训岗位上的成长路径和事业发展路线呢？目前市面上有没有这样的书呢？答案是很少。

我们在培训经理的岗位上工作已超过 10 年，而且我们都是从满腔热情的"小白"开始进入培训行业的，从做培训专员，再到成为培训经理，直到成为拥有了自己的培训机构、拥有了自己在某领域内的论文、著作的创业者。在培训的这条路上，我们走了很多年，对一个培训经理会遇到的状况相对了解，并对一个培训经理的成长路径有一个清晰的把握。为什么我们不写一本这样的书来帮助更多的培训经理和准培训经理呢？这就是创作本书的初衷。

我们最开始想得比较简单，就是想创作一本培训经理的成长指南。通过这本指南能够让一个不懂企业内部培训工作或者没有培训经验的人，逐步成长为一个优秀的、能够帮助企业解决问题甚至开辟自己事业的培训经理。当然，这个成长过程必然不是一马平川的。我们尝试把在这个成长过程中会遇到的人和事场景化、案例化，并结合我们自己的从业、成长经验，为读者提供针对每个场景和案例的落地技巧、实战工具和有效方法。希望在培训岗位上工作的读者读完本书以后，不仅能对自己当下及未来可能面临的处境有一个系统的思考，还能学到系统的应对之法。

本书关注培训经理成长的"道""法""术"，但重中之重会放在"术"上，即希望把真正能够落地的内容奉献给读者，奉献给在企业内部培训岗位上工作的同人们，尤其是中小型民营企业的培训经理和人力资源经理。

本书共有 4 章。

第 1 章　蛰伏期。本章介绍的是刚开始从事培训工作的人会遇到的典型的工作场景和工作任务，以及应对之法。因为此阶段中的工作虽然相对比较简单，却是入门和后期成长的必经阶段，所以我们形象地称此阶段为"蛰伏期"。在蛰伏期的人，就像泥土下面的"种子"，正在吸收能量，期待冲破泥土表层并"发芽"。我们建议刚刚做培训工作或者即将开始做培训工作的读者，从本章开始精读。

第 2 章　成长期。在这一章中，将会重点关注逐步获得培训的相关专业能力的培训经理会遇到的典型工作场景和工作任务，以及应对之法。本章中所涉及的工作场景和工作任务几乎都是以培训项目的形式出现的。每一个项目的完成过程，都是专业能力（如项目的架构和设计能力、项目的管理和运营能力）的集中体现，这些项目的成败，是一个培训经理合格与否的标志。因此，我们形象地称此阶段为成长期，建议目前已经在做培训管理工作但同时又特别想提升自己的读者，精读本章。

第 3 章　爆发期。本章介绍培训经理在经验积累到一定程度之后会遇到的典型工作场景和工作任务，以及更多的成长路径。此时的培训经理开始成为培训专家，并将自己积累的专业能力进行输出，帮助企业解决问题，甚至开辟更大的事业空间。因此，我们形象地称此阶段为爆发期，建议在企业做培训经理多年而又无实质性突破的读者，精读本章。

第 4 章　过来人心声。这一章不是本书的主体内容，却是本书最有温度的一章。我们邀请到众多完整经历过从培训"小白"到专业的培训管理者或者职业讲师这样的过来人，以及见证过很多人从"小白"到大咖的蜕变过程的局外人，分享他们在这个过程中最真实的感悟、最深刻的记忆，期望给正在经历这个过程的读者们更多的共鸣和力量。

本书有两位作者。其中，江政主要完成第 1 章 1.1、1.2、1.3.1、1.3.2、1.3.4、1.3.5、1.3.7 节的撰写，第 2 章 2.1.1、2.1.2、2.1.3、2.1.5、2.1.7 节和第 2 章 2.2 节的撰写，第 3 章的撰写；任强主要完成第 1 章 1.3.3、1.3.6、1.3.8 节的撰写，第 2 章 2.1.4、2.1.6 节的撰写，以及第 4 章的整理、汇编。

本书能够顺利出版，首先要感谢责任编辑吴亚芬女士。当我们初次向吴女士提出想出这本书的想法时，就得到了她的支持。她一直鼓励并督促我们完成本书内容的创作，并给了我们很大信心，让我们觉得把这本书做好是一种使命。

感谢中国旭阳集团有限公司、锐捷网络股份有限公司、LG电子（中国）有限公司、北京搜诺思科技有限公司的开放与包容，本书提到的很多场景都来自这些企业，而且本书提供的很多工具和方法，都是我们在这些企业里经过实践验证过的。

感谢郭修全、刘中东、刘弘瑜、徐江、卢亿这些老领导给予我们的支持和厚爱。特别感谢北京的辛欣女士为我们的创作提供了丰富的素材，并连接到优秀的资源，我们因为一次培训项目的合作而结缘，从甲乙双方变成了亲密伙伴。感谢武汉的陈亭如老师在本书创作过程中给予我们的支持和鼓励。

感谢在"场域领导力"课程上，被江政当成本书需求调研对象的培训经理和人力资源经理们，是他们的热切反馈，让我们知道了本书的存在价值，从而一鼓作气完成了本书的创作。

感谢在过往的经历中想做培训而请我们推荐相关书籍的朋友们，是大家的发问，给我们的写作提供了灵感，也让我们深切感受到原来有这么多人在关注着培训、关注着我们的工作。

感谢那些优秀的培训类图书的作者们，让我们有机会学习到专业的、深度的培训工作的运营管理技术，也让我们可以以"不谈技术、只谈场景"的心态完成本书。

也感谢正在阅读本书的各位读者朋友，希望本书可以帮到大家。本书还有不足之处，还望各位读者朋友不吝赐教，与我们交流。

最后，向在企业培训岗位上的从业者们致敬！

江政　　任强

目　录

1

蛰伏期

1.1 容易被"看轻"的培训工作

在人力资源管理的六大模块（人力资源规划、招聘与配置、培训与开发、绩效管理、薪酬福利管理、员工关系管理）中，培训工作经常被习惯性地"看轻"。这个"看轻"，不是指对培训工作价值的看轻，而是指对培训工作技术含量的看轻。甚至有不少管理者存在这样的认识误区：培训就是把人组织起来，制作一个 PPT（幻灯片），让人讲一讲，就可以了。

正是因为有这样的误区存在，所以我们经常会看到这样的现象：很多中小型民营企业不设培训岗，如果有培训工作，就让其他人力资源岗位的人来完成；一个从来没接触过培训工作的人被指定为培训工作的负责人；人力资源部制作几个 PPT 就觉得自己有培训课程了；员工集合起来看一场视频课就觉得已经完成培训了；人力资源部经理给新员工读一遍内容为公司制度的 PPT 就觉得完成入职培训了……这些现象普遍存在于中小型民营企业中，甚至我们接触的一些营收规模过亿元的客户，甚至已经是新三板挂牌的企业，对待培训工作也大抵如此。

实际上，培训工作与人力资源管理的其他五大模块的工作一样，具有很强的专业性，甚至培训工作对专业性的要求会更高一些。培训工作除了对培训的专业能力有要求，对从业者的悟性和天赋也有一定要求，这样才能达到更好的培训效果。当人们看别人组织一场培训、主持一门课程、管理一个培训项目时总认为很简单，但轮到自己真正去做的时候，却发现这并不是一件容易的事。虽然从表面上看，事情只要做了就算完成了，但是培训中的"做了"不等于"做到"，"做了"跟"做到"完全是两码事，而且针对这些事为什么这么做、它们的内在联系是什么、在培训的过程中如何进行引导等问题，如果没有一定的专业性，那么是很难解释清楚的。

这正是应了王安石的那句诗："看似寻常最奇崛，成如容易却艰辛。"

1.2　培训经理的成长有规律可循

虽然培训经理的工作岗位要求有较强的专业性，但是培训的入门工作确实也是非常简单的。只要找到好的方法，很快就能上手。我们认为，一个优秀的培训经理的成长，有其规律可循。实际上，培训经理的工作，能够非常轻松地进行分类和场景化，一个刚入行的"小白"，只要掌握了这些场景和典型工作任务，假以时日，一定能成为一个合格的培训经理。如果他又有一些悟性，就有可能成为一个优秀的培训经理，甚至获得更大的发展空间。

"培训"这个词，很容易在人的脑海中浮现"一个人在台上讲，一群人在下面听"的画面，看似表面有光环，但实际上企业内部的培训管理工作很烦琐，"台上讲"只是众多工作内容的一个小片段。一个培训经理，如果被这虚假的光环所迷惑，就免不了会飘飘然，心沉不下来，进而就容易导致基本功不扎实，而基本功不扎实，以后想有更大的突破，或者想进一步提高自己的能力，就会比较困难。

所以，不管他人怎么看待和理解培训工作，培训经理都应该清楚自己的定位，应该脚踏实地地从基础的工作开始。

1.3 新任"小白"培训经理的基础工作

培训的基础工作，是作为一个培训经理应该修炼的基本功，也是培训岗位的基础工作场景和工作任务。一个没有做过培训基础工作的人，做不了培训经理；一个没有把培训基础工作做好的人，做不好培训经理。

以下涉及的这些培训的基础工作，是一个新任培训经理极有可能遇到的典型工作场景和工作任务。培训经理应该学会抽丝剥茧、化繁为简。培训工作就算再复杂，其实基础工作的种类也是比较固定的。认清这个本质，我们就不会眼花缭乱、手忙脚乱了。

1.3.1 跟课

【任务场景】

上级："小培啊，正好，明天有一堂 XX 课，你去听听吧，支持一下小李，看看她有什么需要你帮忙的。"

刚到培训部门，你最有可能被指派的正式工作，是去跟课。这也是你面临的第一个看似无关紧要的工作场景——现场跟课。

对于跟课，尤其是对刚开始跟课的人来说，建议一定要有一个谦逊的态度，即以一个参与者、学习者的姿态出现在课堂上，而不是带着"有色眼镜"的审视者。跟课是一门学问，你只有会跟课了，才能掌握课程的现场节奏，以后才能做一个好的助教。

去现场跟课，是一个极好的成长机会，你可以从一个旁观者的角度观察整个课堂。为了使跟课更有价值，我们制作了跟课记录表，如表 1-1 所示。跟课记录表可以帮助参与跟课的人更清楚地了解在跟课的课堂现场，他们应该做些什么。

表 1-1　跟课记录表

温馨提示：请参与跟课的同事认真填写每一项，这将有利于我们迅速了解整个课堂的内容，从而能够以更快的速度独立主持一场培训				
所跟课程：	课程讲师：		跟课者姓名：	
应该关注的项目	你觉得为什么此项重要	你看到的情况	你的感受	你认为做此事的恰当时机
给讲师倒水				
关注学员状态（如打瞌睡、看手机、不配合、开小会等）				
提醒讲师休息（讲师长时间未安排休息的情况下）				
跑麦（传递麦克风）				
发放大白纸、笔、案例资料等教辅工具				
拍照				
开关灯				
记录课程内容（有疑惑或异议的地方、对自己有启发的地方）				
记录其他值得注意或需要提醒讲师的事项				

温馨提示：请参与跟课的同事认真填写每一项，这将有利于我们迅速了解整个课堂的内容，从而能够以更快的速度独立主持一场培训				
所跟课程：	课程讲师：		跟课者姓名：	
应该关注的项目	你觉得为什么此项重要	你看到的情况	你的感受	你认为做此事的恰当时机
关注课堂上出现的意外情况（如死机、停电、投影失灵、麦克风没电）的处理				

表 1-1 完整地展示了一个合格跟课者所要做的事情。如果进一步总结提炼，那么可以总结为跟课 4P，即拍照、跑麦、派发、陪学，这四个动作的第一个拼音字母都是 P，所以我们简称为"4P"，如图 1-1 所示。

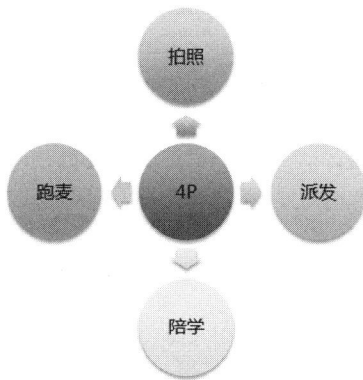

图 1-1　跟课 4P

1．拍照

跟课拍照，有大学问。千万不要小觑拍照工作，它对培训课程和培训项目的运营及个人的成长这两个方面，都有巨大的意义。

首先，任何一个培训课程和培训项目的内部宣传推广、沉淀，都需要有素材，而课堂上拍下来的精彩瞬间、录下来的生动视频片段，都是最为鲜活的素材。同时，学员们也希望自己的表现获得关注，这是人性。当然，他们也希望在培训结束之后能够将这些素材作为回忆。有些镜头抓拍下来的一些特别难忘、感动、出彩的瞬间，将成为一种能量的留存，同时也是一种能量的延续和传递。

其次，一个能拍出好照片的跟课者，将有机会成长为一个优秀的培训师。我们可以思考一下：什么样的培训照片拿出来是吸引人的？你脑海中可能浮现这样的画面——学员很快乐、很高兴的场面、学员非常专注的听课或者研讨的场面、学员现场做活动很有趣的场面、某个令人难忘的表情或者动作……这些画面，有一个共同点，即它们都捕捉到了培训现场的"高能"点。

在培训的课堂上，能量是不断流动的，时高时低，就像人们的心律一样。一个负责拍照工作的人，倘若能拍出吸引人的好照片，并且知道什么时候拍特写、什么时候拍全景，就说明他很好地感知到了能量的流动。他没有漏拍"高能"点，就说明他已经对讲师的课程设计有了很好的预判。能够预判到讲师的课程设计，说明他已经略懂能量流动原理，此时就可以给他培训主持的机会了。因为他能初步掌控能量流动，便能够较为轻松地完成主持人热场、串场的工作。主持的机会多起来，就可以给他一个两小时的课程，他也能很好地完成了。两小时的课程多起来，便可以再给他一个半天的课程，他也能做得不错。如此这般，有一天你会发现，他讲三天的课程，也能轻松应对。而此时，他已经不是一个纯粹的讲师了，而是已经成长为一个懂得利用学员的心流、引导学员的心流、管理课程的场域的专业培训师了。拍照，是成长为一个专业培训师的起点。因此，在跟课时要锻炼自己的拍照能力，切不可认为这是一个"打杂"的活儿而轻视它。

2. 跑麦

跑麦就是讲师在课堂上互动的时候，跟课者把麦克风及时地传递到发言者的手中。如果跑麦时机精准，就会给讲师提供强有力的支撑，因为讲师无须打断自己的节奏。否则，讲师还要提醒"请给这位学员一个麦克风"，这样，就容易破坏互动的连续性和完整性，还可能影响讲师的思路，同时给学员的上课体验产生不好的影响。一般情况下，只要学员举手或者起立发言，麦克风都应该及时递过去（除非讲师示意无须麦克风，否则都应该跑麦）。

跑麦还有另一个必须关注的方面，那就是检查麦克风是否电量充足，这是一项非常重要的工作。一旦讲师的麦克风或者学员发言使用的麦克风电量不足，就会影响声音质量，进而导致关键信息遗漏，影响课堂节奏。最好的做法：跟课者在每次课程休息期间，主动检查所有麦克风的剩余电量，发现电量不足 30% 的，就立即更换电池；如果没有及时检查麦克风，那么就要仔细留意讲师的麦克风，如果出现麦克风声音闪断，即有轻微的断续，就应该立刻把手里的其他麦克风递到讲师手上，将讲师手里的麦克风换下。这种闪断，是电量不足的明显标志。另外，要注意在给所有麦克风更换电池的时候，必须先把电源关闭。经常有人在换电池的时候没有关闭麦克风的开关，导致杂音被放大并传出去，这就会影响学员听课的注意力。

3. 派发

派发主要是指派发教辅工具，这是跟课工作的一个非常重要的内容。通常教辅工具的发放都有讲师的指令，所以相对比较简单，等待指令即可。然而，要把这项工作真正做好，并没有那么容易，需要做到以下三个方面。

（1）及时。在讲师需要用到某个教辅工具的时候，能够第一时间进行发放。

例如，需要给每个小组发一张大白纸做研讨使用，那么就要在讲师说的时候将大白纸提前准备好，而不是需要翻找半天才能找到。所以，要做到及时，就要熟悉课堂所有的教辅工具，并提前准备好。

（2）快速。课堂时间很宝贵，尽量不要因为发这些教辅工具占用太多时间。例如，需要给每人发一张练习用的表格，这就需要跟课者提前了解这个表格会在哪个环节使用，提前按小组人数分好，分发的时候按小组发给他们，他们自己来分发至每人手中即可。这样就可以节省很多时间，从而有助于讲师更好地把控课程节奏。所以，培训前应跟讲师沟通并确认在各个环节使用的教辅工具，提前做好准备。

（3）低调。在派发各类教辅工具的过程中，还要注意除非讲师有特殊指令，否则本项工作应该尽量低调进行，要坚持"三不原则"，即不发声、不叫嚷、不发问，尽量不分散学员的注意力，使其专心听讲。

4．陪学

陪学是跟课最基本的任务，也可以说是一种福利。我们常说培训岗位是一个让人成长极快的岗位，其中一个重要原因就是因为人们在这个岗位上可以"近水楼台先得月"地接触到很多课程，其中的一些课程，可以说是超前学习，这会让跟课者越来越"见多识广"。因此，一个跟课者，如果仅仅把自己定位在"打杂"上，那么跟课的价值就会大打折扣。那么，陪学到底学什么呢？请记住下面的"四学"。

（1）学课程内容。显然，作为培训工作者，无论是专业技术类课程、产品类课程、销售类课程、职业素养类课程，还是管理类课程，都是其应该学习、了解，甚至掌握的。这对我们了解业务、学员、培训场景，都是有百利而无一害的。所以，我经常跟我的小伙伴们说："如果你去跟课，却不知道这课程讲的是什么，那你就等于没去。无论你现场服务做得再好，我都认为你跟没去是没有区别的。"

（2）学课程设计。每一门课程，都有其内在逻辑，我们要学会观察课程是怎么切入主题的，观察课程怎么起承转合、怎么开始、怎么结束等，识别这些逻辑对提升我们的培训能力有很大帮助。我们建议：在跟课的时候，一边听课，一边画出这门课程的思维导图。听完课，能用自己画的思维导图，完成"说课"（用自己的语言把课程逻辑说出来），那就是真正的学有所获。这些收获对我们在培训岗位上的专业能力的成长有很大帮助，能让我们对课程设计产生灵感，具备基本课程开发的能力。

（3）学教学活动。课堂上，讲师会在不同的环节设置不同的教学活动，跟课者在学习课程内容、厘清课程内在逻辑的基础上，还要仔细观察讲师是在讲什么内容的时候开始设置教学活动的、设置了什么教学活动、如何运用这些教学活动、是如何进行引导的、是如何对学员们参与教学活动做出反馈的、又是如何跟课程的内容充分结合起来的等，这些都将成为我们自己在专业成长路上的积累。

（4）学控场互动。一是要学习讲师是如何通过一定的技巧达到控场目的的，让学员能够跟着他的思路走；二是要观察，在各个环节，师生之间的反应如何，比如什么情况下容易冷场、什么情况下容易跑题、什么情况下不容易控场等，当时讲师是如何处理的，这样处理的效果如何，如果换作是你，你还可以怎样处理以期望有相同甚至更好的效果。这便是角色代入，对每一个跟课的人来说，无疑也是一种极强的专业训练，可以训练跟课的人对课堂和学员反应的洞察能力、训练课堂应激反应能力。

因此，陪学是极其重要的跟课动作，也是在培训岗位上新员工自我培养、自我提升的有效途径。

1.3.2 发送培训通知

【任务场景】

上级："计划月底组织一场新员工培训，小培啊，你今天写个培训通知，发一下吧。"

发送培训通知，是你与学员的第一次互动，也是建立良好第一印象的重要一步。虽然只是一个简单的通知，但是它体现了培训经理是否站在学员的角度全面且深入地考虑。培训通知发出之后的最好结果是，学员通过培训通知能够了解他想了解的所有信息。

学员在看到培训通知邮件后，他可能关心的问题：培训什么内容？谁讲的？培训从什么时候开始？何时报到？在哪里报到？住哪里？三餐如何解决？特殊情况能否请假？

1.3.2.1 三个方面的确认

根据我们多年的培训组织经验，这些信息总结归纳起来，主要就是要在培训通知中做好三个方面的确认：学员与讲师信息、课程信息、场地食宿。

1. 学员与讲师信息

首先需要明确本次培训的群体是哪些人。如果是必修课，需要确认是否可以请假，以及具体请假的流程；如果是选修课，需要确认报名截止时间。最终要能输出具体的学员名单。对学员的要求及学员的名单，不仅在发送培训通知时会用到，在培训签到和培训课堂上也会用到。

接下来就是确认培训讲师。如果是内部讲师，其姓名和所属部门应该都是比较熟悉的；如果是外部讲师，则需要一份详细的讲师介绍。培训经理一定要确认与讲师的联系通道，以便发生各种变化时，能及时联系到讲师，进而调整课程安排。

同时，还要了解讲师授课特点、与授课主题的相关经历、授课风格等，这些信息可以用在培训开场介绍讲师的环节，如果没有提前做这些准备，介绍讲师的环节就会缺乏吸引力。

2. 课程信息

课程信息要简明扼要地说明课程的亮点内容，明确课程内容的边界。如果这次培训包括多门课程，那么首先要确认的是各门课程的先后顺序、各自需要多长时间，以及培训从开始到结束具体的日程安排。课程信息样表如表 1-2 所示。

表 1-2　课程信息样表

一天 TTT[①] 日程安排（7 月 5 日一天一晚）	
时　间	内　容
6 月 24 日前	完整课程提交（目的主要是供讲师了解大家的内容设计，方便后面的点评和指导）

---

① Training The Trainer，培训培训师。

续表

一天 TTT 日程安排（7 月 5 日一天一晚）	
时　间	内　容
6 月 28 日前	每组一段 15 分钟讲课视频提交。要求：1. 自然状态；2. 选取小组最有把握的一个环节讲；3. 可以有 10 分钟是正式讲课，另有 5 分钟是以说课的形式介绍课程结构（如可以开场 5 分钟说课，后面 10 分钟讲课，也可以开场 10 分钟讲课，留 5 分钟说课，还可以边讲边说）；4. 遇到课程里有讨论环节或其他耗时环节的，可以简单带过，快速结束这个环节
7 月 5 日课前	将自己小组开发的课程 PPT 做成手册，打印出来，小组内部人手一份
09:00—10:00	活动开场，激发动机，日程说明，成人学习特点介绍
10:00—12:00	"五五三八七"的语言和非语言呈现技巧：看典型录像，对着录像回放点评、反馈，现场校正、演示
13:30—15:00	"ABC 法则与四个一"：如何备课、如何克服紧张、如何开场、如何结尾
15:00—18:00	"十一种教学活动"：如何让自己的课程丰满起来、生动起来、互动起来，并让学员针对自己的课程现场进行教学活动设计，现场出成果
19:00—21:00	"自如地控场"：提问与反馈技巧，课堂意外处理技巧，现场设计自己课程的问题、提问环节、应对策略
21:00—22:00	"点亮 PPT"：PPT 怎么做才叫课件？现场做出自己小组课程现有 PPT 的美化策略
22:00—22:30	价值回收，活动结尾

除此之外，你还需要联系各课程的授课讲师，与讲师确认以下三个信息。①每门课程是否有需要学员提前准备的部分。例如，阅读相关书籍、准备相关案例、提前思考与主题相关的问题和困惑等，这些都需要在培训通知中体现。②对培训场地的要求。例如，在培训过程中全程是否坐着听讲，是否会涉及需要学员活动的场地，如需要多大的场地、大概在课程进行到多久会用、用多长时间、室内还是室外等。③培训中，除了笔和纸，是否还需要准备其他培训资料。例如，打印案例、特殊的道具等。

3. 场地食宿

培训场地和食宿与参加培训的人数密切相关，必须在培训通知中有明确体现。培训的过程中，是否提供早餐、午餐和晚餐，每个公司的情况不一样，标准也不一样，因此需要根据各个公司的培训预算和标准来准备。酒店的培训会场，考虑到空气中的味道，一般不允许进餐，可以选择酒店的餐厅或周边的餐厅，距离不宜太远，步行最好不超过 5 分钟。如果培训中不统一安排就餐，在培训通知中应告知大家，并为大家提供可以选择的就餐地点作为参考。

住宿可以选择培训场地所在酒店或者周边酒店，如果不提供住宿，也要在培训通知中告知大家，并为大家提供附近可选择的酒店及住宿价格作为参考。

培训通知（样例）

一、培训前准备

为了更好地参与并完成培训，请大家提前阅读《场域的力量》一书。

二、培训安排

a）培训时间：2019 年 11 月 23 日—25 日。

b）培训地点：新世纪日航酒店三层会议室。

c）授课讲师：江政。

d）日程安排如图 1-2 所示。

日程	8:00 9:00	上午 12:00	13:30	下午	17:30
第一天	早餐	*****	午餐	*****	晚餐
第二天		****		****	
第三天		***		***	

图 1-2 日程安排

三、讲师和课程介绍

a）课程介绍：管理者通过本课程能够认识一个高绩效团队应该具备的特征、了解如何通过调整团队成员的注意力焦点来打造这样的高绩效团队。课程轻松，实践性强。

b）讲师介绍：江政，场域领导力理论提出者，《场域的力量》《场域领导力》的作者，《唤醒职场同理心》的译者。聚焦团队发展和人才培养领域十余年，对管理者成长有较深了解。

四、培训联系人

李津 180××××××××

五、参训人员名单（见图1-3）

序　号	姓　名	性　别	部　门	岗　位
1	李明宇	男	销售部	大区经理
2	赵大志	男	产品部	产品经理
3	秦奥	女	运营中心	运营一部经理
……	……	……	……	……

图1-3　参训人员名单

六、其他说明

a）请假流程：原则上不建议请假，如确因工作原因或其他不可抗拒原因需要请假的，请将邮件申请发至直接上级处，收到并回复视为请假成功。培训中心将为您安排参加下一期的培训。

b）培训期间的午餐、晚餐、茶歇和教辅资料全部由培训中心统一安排。

c）住宿安排：住宿请各位自行走差旅，为方便入住，培训中心已经统一为各位预订并分配了房间，报名字办理入住即可。如需调换房间，请自行协商。酒店有早餐，请各位根据需要自由选择。

祝大家学习愉快！

1.3.2.2 另外需要关注的两个点

一个好的培训通知，除包含上述三个方面的信息外，在内容和语言的组织上，另外需要关注两个点：吸引和小心疏漏。

1. 吸引

在已确认上述信息后，一份培训通知所需要的基本信息就完整了。如果想要做得更有深度、对学员更具吸引力，那么在培训通知中还要回答学员另一个问题："培训能给我带来什么好处？"一场培训，从发送培训通知开始就要吸引学员，激发学员的兴趣和参与培训的意愿。所以，在培训通知中也要回答这个问题。那么，这个问题的答案从哪里来呢？

（1）与课程讲师沟通，了解这门课程一般情况下主要能解决什么问题。

（2）访谈部分学员，了解在这个培训主题方面，他们的问题和困惑有哪些。

（3）访谈学员的直接上级，了解他看到的问题，以及他想要通过培训达到的效果。

通过对以上三点的整理，输出课程价值说明，如通过学习这门课程，能够主要解决学员的什么问题。有了这些吸引内容，就能更好地激发学员的参训动机，变"要我学"为"我要学"。

2．小心疏漏

发送培训通知的时候，有几个特别容易疏漏的事项需要引起注意。

（1）培训通知除了要发送给学员，对于企业内训来说，还要发送给学员的直接上级。为什么呢？一是上级需要了解其下属的请假事由，虽然会有请假审批，但通过邮件主动告知会更好；二是上级也需要知道其下属的学习内容，这样在后续的培训跟踪过程中，也能更好地调动上级参与进来。

（2）附上学员名单。这样每个人都能看到自己即将跟哪些人一起学习，这些人在工作中与自己有着怎样的交集。不同部门的同事一起学习的过程，本身也是建立联系、加深关系、促进协作的过程。

（3）说明是否安排考核项目。可能的话，评估标准也应该提前告知，一方面可以让学员重视此次培训，另一方面也可以让大家心里有数提前做一些准备工作。

（4）细节提醒。例如，通报培训当日及前后几天的天气情况，尤其是在封闭培训期间，或者有外地学员参与时，假如碰到南北方温差比较大的天气时，可以事先提醒学员备好合适的衣物。此外，还要提醒学员，尤其是本身可能有某些慢性病需要长期服药的学员自备所需药品。另外，根据培训内容的安排，如有特殊环节需要学员注意着装的，也要进行提醒。所有的温馨提醒，都会让学员感受到这是一次有"温度"的培训。

（5）注意通知的发送时间。除了突发的或者紧急培训的通知，一般提前两周的时间较为合适。培训经理要给所有学员充足的时间做准备、做调整，尽量确保每位学员都能够如约而至。如果提前通知的时间很短，那么有的学员可能因为忙碌而错过邮件，有的学员可能因为工作太多而很难在短时间内做出合适的工作调整，只能因此错过一次学习机会。如果通知的时间过早，通知时间与开课时间相隔较久，容易导致被通知者忘记培训时间，还可能因此错过培训的机会。

（6）通知中要杜绝错别字或者错误信息。尤其是讲师、学员的名字这些敏感信息一定不能出错，否则会让当事人感到尴尬甚至不被重视，同时还会影响自己在学员心中的专业性。

1.3.3　培训物料准备

【任务场景】

上级："小培，这个周末咱们要组织一场培训，你来协助小王准备一下培训的东西吧。"

接到这样的任务，你可以找到小王，并且按照他的要求准备培训需要的物料。如果你想这样做，那么你就可以跳过这一节的内容了。

当然，如果你想要更加用心地做这件事，那么下面这个工具可以帮到你，我们把它称为"物料准备的3W模型"，如图1-4所示。

3W即What（需要准备什么）、Why（为什么准备这些）、When（最晚什么时间准备好）。如果能做好这3个"W"，那么在培训物料准备这件事情上你便可以事半功倍。

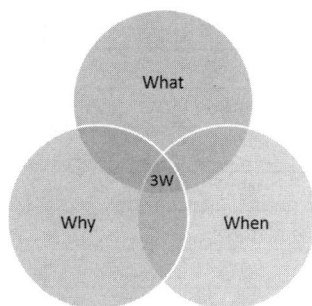

图 1-4　物料准备的 3W 模型

1．What——需要准备什么

第一个要清楚的便是需要准备什么。一场培训要顺利开展，所需要的物料可以分为基本物料、特殊物料、锦上添花型物料三种。基本物料是指无论是什么主题的培训都需要准备的物料；特殊物料与培训主题密切相关，不是每场培训都需要准备，只在相关主题的培训中才需要用到；锦上添花型物料，不是培训必须准备的，但如果有条件准备，会给学员及整个培训过程带来意想不到的促进效果和附加价值，对于准备物料的人来说，这也是一种挑战。

（1）基本物料。

基本物料清单，如表 1-3 所示。

表 1-3　基本物料清单

序　号	物　品	数　量
1	A4 纸	
2	签字笔	
3	不干胶贴	
4	签到表	
5	大白纸	
6	白板笔（三种颜色）	

续表

序　号	物　品	数　量
7	白板	
8	透明胶带/纸胶带	
9	剪刀	
10	抽纸	
11	纸杯	
12	茶歇	
13	组牌	
14	胸卡（桌卡）	
15	翻页器	
16	电池	
17	培训反馈评价表	
18	常用药品	
19	培训教材（视情况而定）	
20	培训证书（视情况而定）	

基本物料的准备数量，与学员数量、分组数量和培训时长有关，学员数量越多、培训时长越长，相关物料的准备数量也就越多。

（2）特殊物料。

特殊物料与培训主题密切相关，需要跟培训讲师进行沟通后确认。有些培训需要学员在培训过程中动手体验和制作，因此需要准备相应的工具材料；有些培训需要学员在参加培训之前做准备，如在参加培训之前提交自己的作业等；有些培训需要一些特殊道具。

例如，在我们的"场域领导力"课堂上，我们会准备场域罗盘的喷绘、八条竖幅、扑克牌、大骰子、美纹胶、提前打印的表格和材料等这些特殊物料；在我们的"新管理者日常管理六精进"课堂上，我们会准备大鼓、PVC 管、高尔夫球、纸杯、排球、弹力球、跳绳等这些特殊物料；在我们的"有效业务执行"课堂上，我们会准备大量的电插座、电胶枪、胶棒、胶水、网球、乒乓球、硬纸壳等这些特殊物料。

（3）锦上添花型物料。

锦上添花型物料，如果不准备，不会对培训效果产生影响，但如果准备了，一定会给讲师或者学员带来更多便利。例如，设计入场调查、学员花名册打印等，这类物料的准备需要花费一些心思。就以设计入场调查来讲，需要培训经理对课程主题很了解。入场调查，是指从学员入场到培训开始的这一段时间里，可以参与的活动。这项活动既可以避免学员因等待而感到无聊，又能够做一些连接，为讲师开课做场域上的准备。如果一开始培训经理对培训主题和内容不太清楚，可以与讲师进行沟通确认：为了便于培训的顺利有效开展，在授课之前，讲师最想了解学员的哪些信息？根据这些信息来设计培训的入场调查。

设计入场调查，需要遵循四个原则，如图 1-5 所示。

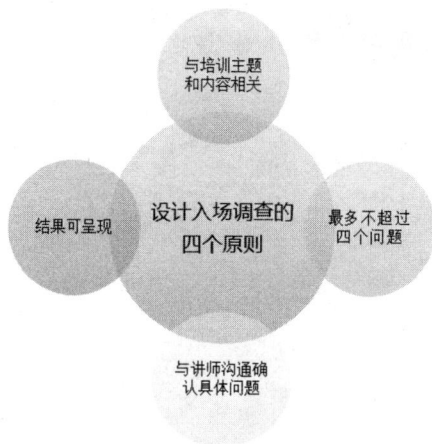

图 1-5　设计入场调查需要遵循的四个原则

原则一：与培训主题和内容相关。

原则二：最多不超过四个问题。

原则三：与讲师沟通确认具体问题。

原则四：结果可呈现。调查结果要能够在培训教室内清晰地呈现出来（在大白纸上手绘，或者利用线上互动系统通过电脑投影出来，具体用哪种形式可与讲师沟通后确认）。

设计好的入场调查，可以通过以下两种方式进行。

方式一：提供线上互动渠道，请学员进入教室后扫码完成。

方式二：在培训教室门口处张贴提前设计好的大白纸，可以请学员用记号笔在每个调查项目的对应位置做标记，也可以提供小贴纸（不限形状），请学员根据自己的实际情况，贴在相应位置，如图1-6所示。

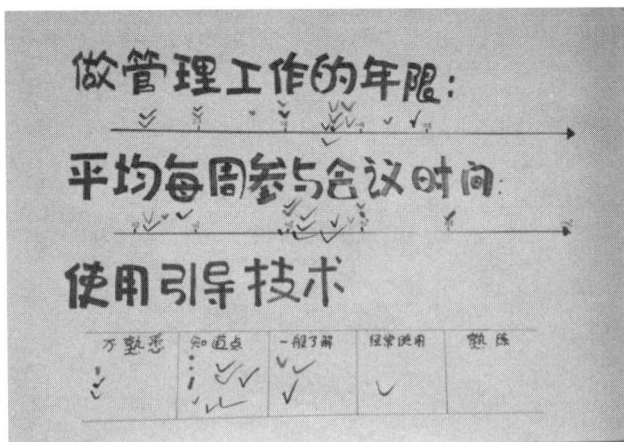

图1-6　入场调查样例——张贴（实景拍摄）

入场调查的好处在于，学员从进入培训教室的那一刻起，就能感受到培训的氛围，进入培训的场域，形成很强的"代入感"。

另外，还有一种入场调查的设计是与学员的座位相关的。除已经分好组，提前放好桌牌的培训外，一般的培训并没有特别明确规定学员进场之后的位置。在我们的"场域领导力"课程上，就有下面这样的入场调查特殊物料准备，让学员从进场开始就进入课程的氛围中，这不仅可以调动学员对课程的好奇心，同时还能促使学员积极寻找自己进场之后的位置。入场调查样例如图 1-7～图 1-10 所示。

图 1-7 入场调查样例图一（实景拍摄）

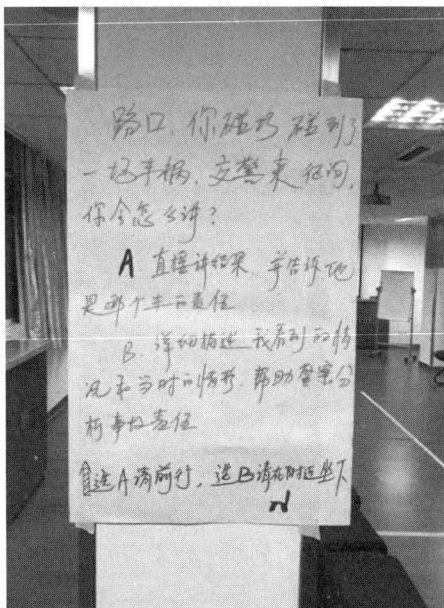

图 1-8　入场调查样例图二（实景拍摄）

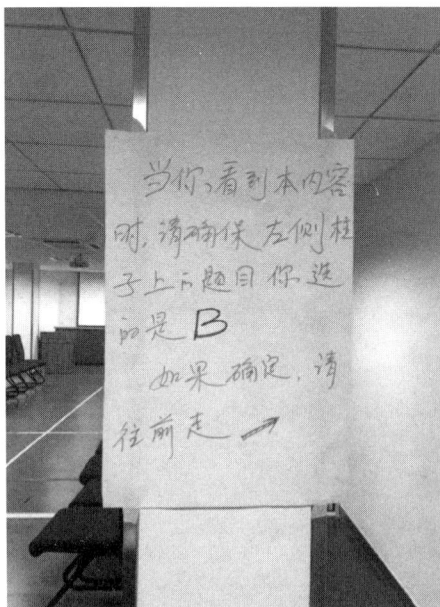

图 1-9　入场调查样例图三（实景拍摄）

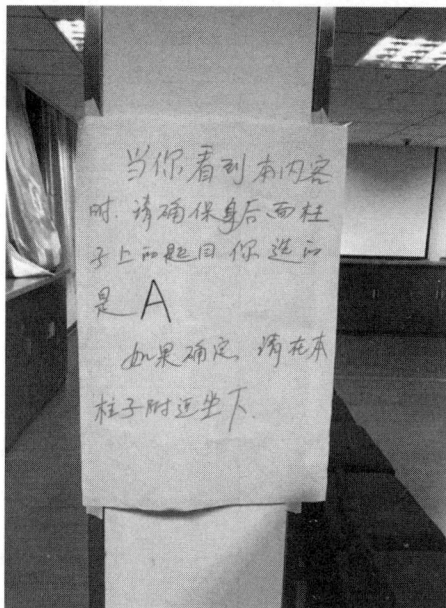

图 1-10 入场调查样例图四（实景拍摄）

2. Why——为什么准备这些

第二个要回答的就是 Why。为什么是这些东西？为什么是这个数量？只有了解了"为什么"之后，才有可能提出更好的想法和创意，从而判断是否可以有替代品，或者有更好的替代品。

以表 1-3 基本物料清单中的物料为例，我们在备注列里面说明了为什么会是这些物料，如表 1-4 所示。

表 1-4　详细物料表

序　号	物　品	数　量	备　注
1	A4 纸	以学员数为准	以组为单位准备，学员临时记录用
2	签字笔	以学员数为准	保证学员能够有笔做记录

续表

序　号	物　品	数　量	备　注
3	不干胶贴	以学员数为准	以组为单位准备，学员临时记录用
4	签到表	3份	一份签到、一份留底、一份给讲师
5	大白纸	以学员数为准	根据课程中需要小组讨论环节的具体情况来准备
6	白板笔（三种颜色）	以学员数为准	每个小组、每位讲师三种颜色的笔各一支
7	白板	1块	讲师板书用
8	透明胶带/纸胶带	以学员数为准	张贴大白纸用，有的培训场地墙面不能用透明胶贴，所以要准备纸胶带
9	剪刀	以学员数为准	用来剪透明胶带
10	抽纸	1份	给讲师擦汗、擦手等
11	纸杯	以学员数为准	学员喝水用
12	茶歇	以学员数为准	选择方便取用、准备起来不麻烦的
13	组牌	以学员数为准	区分小组
14	胸卡（桌卡）	以学员数为准	学员之间快速熟悉，同时便于讲师快速与学员互动
15	翻页器	2个	讲师一般会准备，作为培训经理最好再拿一个备用
16	电池	4节	翻页器用、麦克风用
17	培训反馈评价表	以学员数为准	可以借助各种调查问卷互动平台，做成电子版的，便于后期汇总
18	常用药品	1份	有外地学员来参加培训时，需要提前准备
19	培训教材（视情况而定）	以学员数为准	根据培训内容准备，不是所有培训都有教材
20	培训证书（视情况而定）	以学员数为准	不是所有培训都有证书，但如果有证书，会让学员感觉培训更加正式

　　从表 1-4 备注列的信息中，你是否发现有些物品其实也不是不可替代的？例

如，剪刀，如果只用来剪透明胶带，裁纸刀也可以，有时候没有刀，用其他工具也可以；A4 纸，如果用来给学员记录用，那么给每个学员准备一个空白的记事簿，可能比 A4 纸更贴心、更舒服。但是如果你不了解这些物品的用途，只是照着清单准备，不敢轻易改动，那么你可能不会有更好的创意，也很难从这些简单琐碎的工作中创造出更大价值。

物料清单中的常用药品，或许不一定能用上，但一旦有学员或讲师有需要的时候，一定会让对方深受感动。2012 年，我们曾组织过一场培训，聘请的是外地的讲师来北京讲课。上课那天早上，突然收到了讲师的短信，一问才了解到，讲师是南方人，到北京来的前一天他和朋友吃了一顿小龙虾，现在肠胃有些不适应了。当天，他在培训教室看到药箱里面除了治腹泻的药，还有感冒药、退烧药、风油精、速效救心丸、创可贴等，大为感动，说："这是我讲课十多年来，看到的最为贴心的准备！"

3. When——最晚什么时间准备好

这里的 When，就是指这些物料最晚可以在什么时间准备好。有些物料是需要在布置场地的时候用到的，如上述需要张贴的物料，就必须提前准备好，且要送到培训现场。所以，一定要确认物料可以准备妥当的最后期限。如果有网上采购的物料，那么还需要留足快递路程的时间，必须确保在最后期限之前，所有网购物料能够全部到达。有些是组合物料，则需要提前组装好。例如，打印出来的名字，需要提前裁剪至合适的大小，然后依次塞到胸卡卡套里，最后再系上挂绳，而不能等到培训现场学员进场后再自己组装。这样不仅浪费时间，还会转移大家的注意力，影响入场效果。

3W 确认完毕，最后一步就是拿着物料清单，逐一清点，确保没有物品被遗漏，这一步也可称为"物料点检"。所有的物料准备工作，都必须做点检。

1.3.4　培训场地布置

【任务场景】

上级："小培，产品部这周五请了外面的讲师来讲课，要用咱们的培训教室，你来协助布置一下培训场地吧。"

接到这样的任务，你第一件要做的事情就是直接或间接地与培训讲师取得联系，确认其对于培训场地的要求。一般来说，外部讲师相对专业，大多数都会在给出物料清单的同时主动告知如何准备培训场地。而内部讲师讲课，则需要培训经理跟其本人沟通或者给讲师一些建议，场地应该怎么布置更好。

我们先来说说比场地布置更重要的事情——场地选择。培训主题和内容的呈现形式，决定了场地应该怎样选择。场地选择有两大类：室内场地和户外场地。室内场地包括办公场合，或者学校、酒店、展览馆里的专门的培训室、会议室、工作现场、VR 沉浸式教学体验教室等，还有其他让人放松心情的公共场所，如咖啡厅等。户外场地的选择，有运动场地如篮球场、足球场等；有公共的开放场地如山坡、草地、公园、江边等；有专门拓展训练的拓展场地；还有一些能创造特定氛围的户外场地，如某些红色旅游景点和景区、冰上、水上等。

选择什么样的场地，跟培训内容和培训预算直接相关，场地要为主题服务。

如果选择户外的场地，那么对场地布置的要求就比较低，因地制宜即可。如果选择室内场地，那么在选择时一般要考虑以下几个方面。

（1）培训场地的面积大小。最小的面积可以按照"参训人数×面积系数"来计算，单位是平方米，面积系数可以是 2.5、2、1.5 等。参训人数少于 15 人的时候，要选择比较大的面积系数 2.5，参训人数超过 150 人的时候，可以选择较小的面积系数 1.5。因为参训人数越多，人均公摊面积就越小，所以系数就越小。一般的培训，通常用参训人数乘以面积系数 2 来选择培训场地大小，是比较合适的。需要特别提醒的是，如果你在酒店等地方找培训场地，经常会听到酒店销售经理这样说："我们这个场地 100 多平方米，经常开会和培训用，坐 70 人完全没有问题。"这些话到底能不能信呢？能信，他说的是他经历过的；但也不能全信，因为培训与培训是有差异的。场地布置的要求不一样，可能排排坐能坐 70 人，但如果是分组的岛屿式，那么这个场地可能就无法坐 70 人了。所以，最好的办法是去现场看，或者找人去现场看，你通过远程视频来验证。

（2）培训场地的形状。场地的形状会直接影响现场桌椅的摆放效果，以及培训场域的营造和控制。场地越接近正方形越好，场地中不要有任何遮挡（如大柱子），不要选择形状不规则的、桌椅无法移动的（除非对现场布置没有任何要求的培训）场地。

（3）培训场地的通风和采光情况。最好选择通风条件好的场地，尤其是大型培训的场地，如果太密闭，空气混浊，就不利于讲师上课和学员听讲。场地的采光，因为要用到投影，所以要选择灯光可以分不同区域进行控制的场地，确保投影能看清，同时也能有足够的光线让学员进行记录。同时，培训场地的层高最好也相对较高，一般要求层高为 3.5 米以上，百人以上的培训场地最好层高为 4 米以上。

（4）培训场地的音响和投影。音响是最基本的需求，不论讲师授课中是否有视频音乐，课间的音乐是必须有的。麦克风当然最好是无线的，因为讲师可能随时会在场地中走动，所以无线麦克风更方便。大的培训场地，要确认投影幕布的数量和投影仪的流明度，确保最远的人也能看到，投影最好是悬挂式的，这样不仅场地的可利用面积大，而且学员看着也舒服。

随着培训管理工作经验的积累，你可以建立一个自己的培训场地清单，这样在需要培训的时候，就能快速选择合适的场地。

选择室内场地后，要跟讲师确认桌椅的摆放位置和形状。如果是非常正规的培训场地布置，尤其讲师有特殊要求的，那么最好请讲师提供示意图或者照片。这里有一个特别典型的例子。

2012 年，在对全员进行企业文化主题研讨培训的时候，我们要在全国各地的分公司进行培训，需要当地的同事协助来布置培训场地。而这次的培训与以往不同的是，培训教室只需要留一张桌子即可，其他桌子去掉，椅子摆成 U 形。看到这里，在你脑海中浮现的培训场地是什么样的？

我们想要的培训场地设置，如图 1-11 所示。但是，当讲师去培训教室上课的时候，才发现对方布置的场地中间有一张很大的桌子，如图 1-12 所示，后来换成了小桌子，椅子朝向又不对了，如图 1-13 所示。为此，我们专门制作了如图 1-11 所示的培训场地布置示意图，发给其他各分公司的同事，请他们按照这个示意图来准备，之后再没有出现过类似的差错。

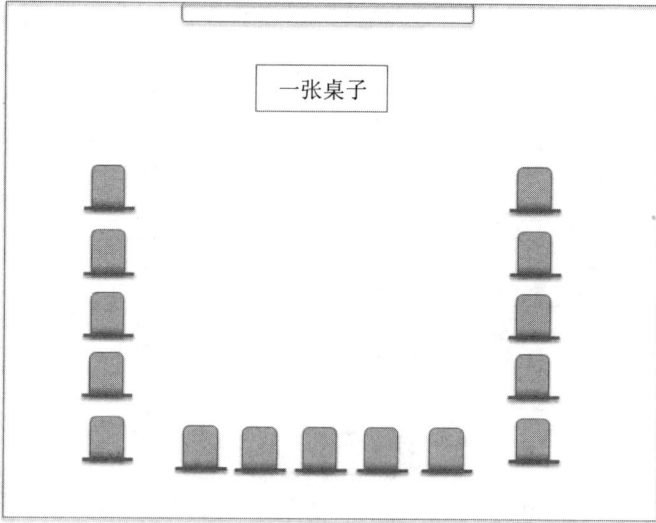

一张桌子

图 1-11　U 形摆放的正确示例

（我们想要的培训场地设置）

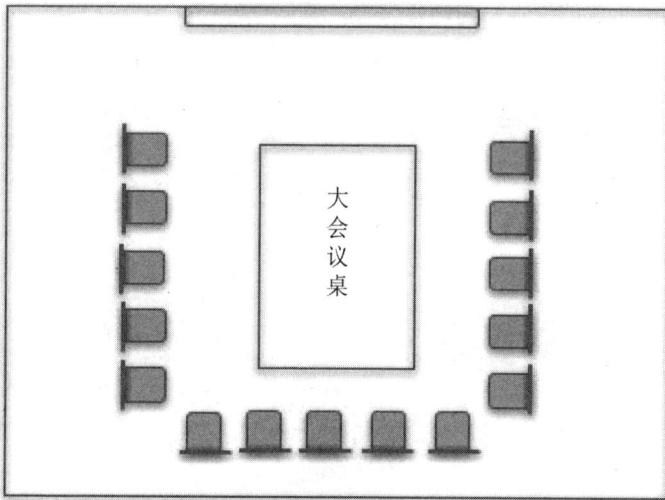

大
会
议
桌

图 1-12　U 形摆放的错误示例 1

（对方布置的场地）

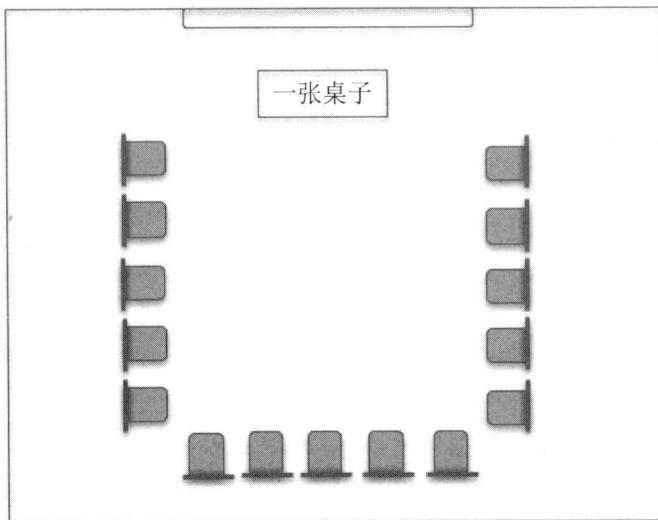

图 1-13 U 形摆放的错误示例 2

（调整后的场地布置）

培训场地布置的根本目的是让学员能够以更好的状态参与到培训中，这是非常重要的培训场域营造。记住下面的场地布置"三有原则"（见图 1-14），我们可以在场地布置时更加游刃有余。

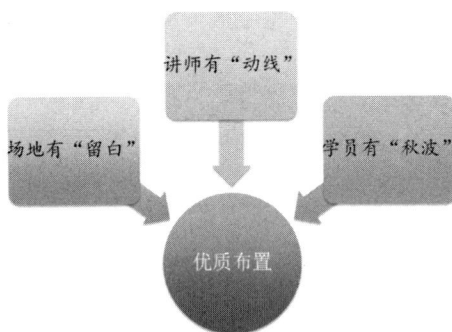

图 1-14 场地布置"三有原则"

场地有"留白"——空间舒适区域分明，相对私密又不压抑。

讲师有"动线"——要给讲师预留行走路线，确保讲师可以与学员进行近距离交流。

学员有"秋波"——学员之间要能够实现目光的自然交流，或者想要交流时可以轻松地看到彼此的表情。

场地布置中的首要内容就是现场桌椅的需求和摆放，这个没有定论，也没有优劣之分，与课程内容及讲师的个人要求有很大关系。我们可以按照现场需求桌椅的多少，把摆放方式分为"三零三有"六大类，如图1-15所示。

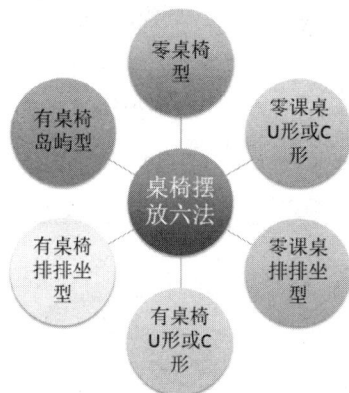

图1-15 桌椅摆放方式的"三零三有"六大类

零桌椅型。这种摆放方式的培训现场不需要桌椅，可以借助泡沫垫或者瑜伽垫，或者学员直接席地而坐。这种摆放方式适合共创式的、需要创造轻松开放的环境以实现深度共识的培训。

零课桌U形或C形，如图1-16所示。这种摆放方式适用于培训现场不需要课桌的情况，可以将椅子摆成U形或C形，开口朝向讲台。例如，在场域领导力、教练式领导力等课程上，往往会选用这样的摆放方式。

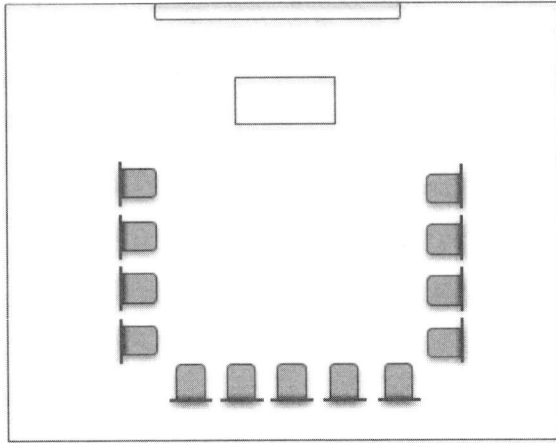

图 1-16　零课桌 U 形或 C 形

零课桌排排坐型，如图 1-17 所示。现场把椅子摆成一排一排的，这种摆放方式往往适用于学员较多，而场地不够大的情况。

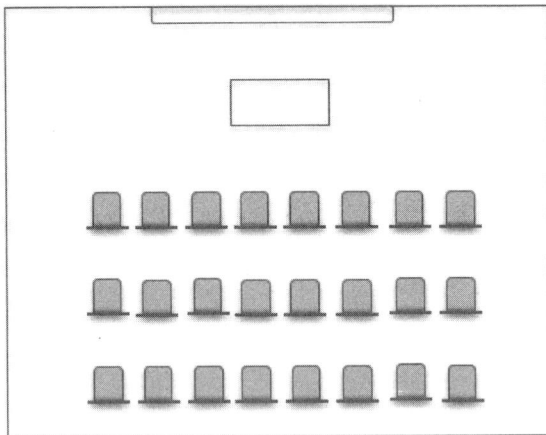

图 1-17　零课桌排排坐型

有桌椅 U 形或 C 形，如图 1-18 所示。对于这种摆放方式，如果现场有长条形的课桌，可以将课桌摆成 U 形或 C 形，开口朝向讲台，学员们坐在 U 形的外侧。

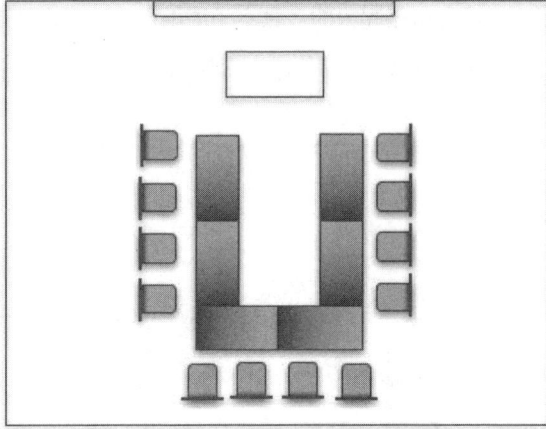

图 1-18　有桌椅 U 形或 C 形

有桌椅排排坐型，如图 1-19 所示。现场把椅子摆成一排排的座位，同时每排椅子前面也有桌子连成一排。

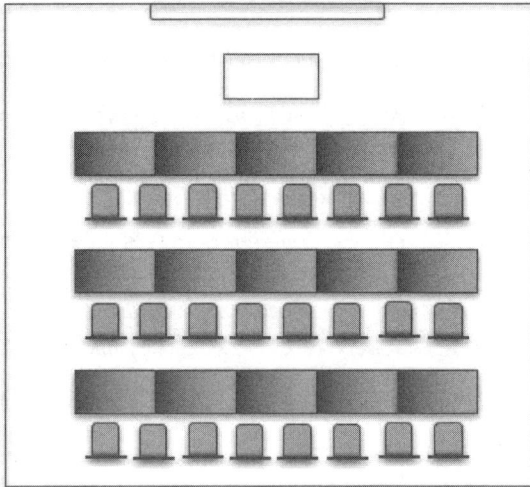

图 1-19　有桌椅排排坐型

有桌椅岛屿型，如图 1-20 所示。这就是我们常说的分组式，每个小组有 6～8

人，大家坐在一张桌子或者拼接起来的多张桌子周围。关于岛屿怎么分布，是选择鱼骨式分布、C 形分布，还是选择多排分布，这取决于现场的场地情况及岛屿的多少。

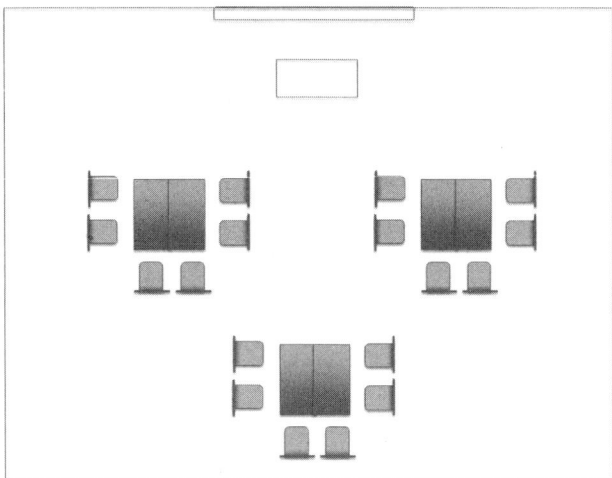

图 1-20　有桌椅岛屿型

场地布置完成桌椅摆放以后，更重要的工作是要确认培训场地的投影、麦克风、音响和灯光、空调是否都可以正常运转，确保培训场地的饮用水足够、卫生间整洁。不论这个培训场地你多么熟悉，也不能省略提前调试这个环节。曾经就有非常自信的培训经理，在这上面"翻过船"。因为是公司的培训教室，他觉得非常熟悉，就没有提前调试设备，结果到第二天早上要上课的时候，他才发现投影不能正常使用，由于调整、更换投影仪，导致上课时间延迟了 15 分钟。延迟 15 分钟，学员感受到的是你对培训的态度，从而影响了他们对培训课程的投入度。无独有偶，我们也经历过培训教室空调存在故障的情况，由于没有提前发现，导致通风条件不好，又由于没有做应急预案，培训过程中学员不停地拿起教材当扇子用，讲师也热得脱掉外套，衬衫湿漉漉，场面很是尴尬。整场培训下来，学员最大的感受就是热，而课程内容却不记得多少，严重地影响了培训效果。

在培训场地的布置上，最容易被忽略的就是卫生间。在培训期间，卫生间是否有人定期清扫、是否有充足的卫生用品，一旦出现故障，附近是否还有其他卫生间可以用，这些事项都应提前确认并做好应急预案。我们曾经在周五、周六组织过两天的培训，在周五的时候，因为是工作日，一切顺利。但到周六的时候，因为周末大厦保洁也不上班，到了中午，卫生间没有卫生纸了也没有及时补充，那天就有学员被困在卫生间。虽然事情不算严重，但是没有做到"客户优先""体验优先"。

培训场地的布置，虽然看起来不是一件困难的事情，但想要做好，还是要注重细节。可以想象，如果你去参加一场培训，你希望看到窗明几净、整齐有序的环境，还是乱七八糟、毫无章法的环境？当然是前者。培训桌椅的摆放是否统一，每组的组牌、每个人的培训物料是否在同样的位置，是否整齐划一，这些会给学员留下不一样的印象，同时也影响他们参加培训的心情。

1.3.5　主持串场

【任务场景】

上级："小培，周末的管理者培训，你来做主持吧，开场和串场，都交给你了，你也锻炼一下，好好准备。"

高尔基说，书籍是人类进步的阶梯。对于培训经理来说，主持便是其通往讲台的阶梯。凡是希望最终走到讲台上的培训经理，都应该重视每一次主持的机会。3～5分钟的主持，既考验我们的台风，又考验我们的思路和表达能力，还考验我们控制现场、调动学员的能力。可以这样说，如果能够做好 5 分钟的主持，把握好台上的节奏，那么以后就有很大概率能讲好 1~2 小时的小课程或者小分享；能讲好 1~2 小时的小课程或者小分享，那么以后就有很大概率能讲好半天的课程；能讲好半天的课程，那么以后就有很大概率能讲好一天甚至多天的课程。

主持人的作用是什么呢？任何场合的主持人，其作用基本相同，其核心作用就是串场，培训主持也不例外。培训主持的串场，从开场开始。那么，要做好培训开场，需要我们在开场主持中做好哪几件事呢？根据事情针对的对象不同，我们可以将其归纳为"我你规课师"五件事，如图 1-21 所示。

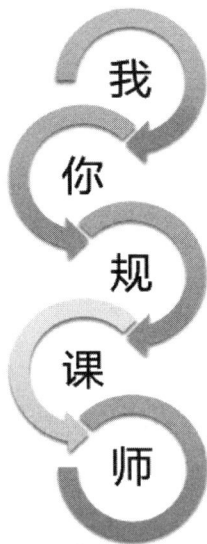

图 1-21　主持开场五件事

第一，我，即做简短的自我介绍，让人知道台上说话的是谁。主持人不是培训的主角，其行动的目的是引出课程、请出讲师。所以，自我介绍的环节内容一定要简短，很多时候简单报出自己的名字就好。如果在培训之前已经通过邮件、微信群、电话等方式跟大家互动过，那么可以用"大家好，我就是之前通知你们参加培训的小培"这样的方式来完成自我介绍，既报出了名字，又跟大家有了沟通的基础，消除了陌生感。

第二，你，即欢迎学员参加培训。如果前期有前置沟通，那么可以在这里感谢大家在培训前的互动和配合，然后对大家能够准时参加当天的课程培训表达谢意。

第三，规，即宣布培训和学习规则。如果有明确的培训和学习规则的话，可以邀请大家延续培训前的配合度，继续遵守培训期间的相关规则。

第四，课，即传递课程价值。可以接着第三点的内容，反问大家"为什么我们会这样要求大家？为什么会制定这样的规则"，以此简单引出当天的课程内容、解决的"痛点"及学完之后的收获。

第五，师，即包装并引出讲师。这里一定要对讲师的权威性做必要的介绍，要对讲师做符合实际的适度包装，最后邀请大家用掌声把讲师请出来。在 1.3.2 节介绍过，要提前了解讲师的特点和风格。如果没有提前准备，或者对讲师所做的包装与培训主题缺少关联性，会让讲师陷入尴尬境地。

开场成功，就意味着培训主持的工作成功了一半，而后的串场工作占了另一半。一般来说，每次休息回来、每个半天的开始和结束培训，主持都要进行串场，主要包含两个动作：一是提醒大家已经学了什么，二是引出来接下来要学什么。串场主持时间不宜过长，一分钟左右较为合适，在把大家的注意力引回课堂之后迅速把讲台交给讲师。当然，过程中的串场，跟讲师的风格和要求有关，有的讲师更愿意自己做这些工作，那么培训主持就相对轻松一些。培训主持最后一次登台，就是在讲师宣布课程结束的时候。往往这个时候，学员会对讲师报以热烈的掌声，在掌声进行中，培训主持就应该做好准备，掌声一落，就开始自己的结束发言。同开场一样，我们可以根据发言内容针对的对象不同将其归纳为"我你果业谢"五件事，如图1-22所示。

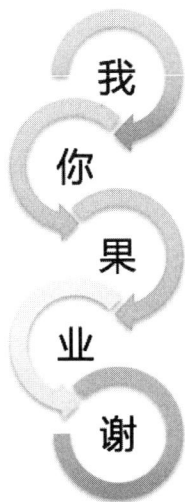

图 1-22　主持结束五件事

第一，我，即培训主持以学员的角度总结课程内容和收获，总结的相关内容应简明扼要。

第二，你，即邀请学员以掌声再次表达对讲师的感谢。

第三，果，即公布学习成果、小组成绩、个人成绩（如果有的话）及主持颁奖。

第四，业，介绍接下来的安排和学习作业（如果有的话）。

第五，谢，再次感谢大家参与学习及积极投入的学习精神。

1.3.6　写培训总结

【任务场景】

上级："小培，周末的管理者培训，你是主持人，现场情况你比较清楚。写个总结，明天交给我。"

在所有的项目管理中，做好事前计划、事中控制、事后总结是非常重要的三个步骤。而作为培训经理，一定要会写培训总结，并能写好培训总结。写总结是一个"回头看"的过程，及时地检查、分析、修正和补充，寻找接下来的行动方向，在下一个循环周期，做好培训管理。那么，总结该如何写呢？可以参考以下框架。

以前面的这个管理者培训为例，我们可从以下几个维度来构思。

（1）效果和反馈如何。

展示学员反馈和学员的收获，如有现场采访、调研结果等素材会更好。需要将培训总体实现的目标在一开始就言简意赅地表达出来。

（2）是怎么做到的。

基本信息：培训时间、培训地点、培训对象、培训师、培训内容。

重要手段：为了让培训取得更好的效果，这次培训特地做了哪些刻意的安排。不要过度强调，列举出比较有代表性的3~5条收益、收获、亮点即可。

精彩瞬间：视频、音频、图片等。

（3）有待加强的地方。

同样，也不要过分谦虚，但一定要列举出关键的学习点是什么，如3～5条经验教训、改进方向等。

（4）下一步计划。

前面已提及，做好本次培训的检查与分析是为了下一个循环周期能有经验参考和借鉴，因此，在下一次开展类似的培训课程时，要针对有待加强的事项制订调整计划，这样才有可能精进业务。

除了以上框架，一定要清楚自己的报告是呈现给谁看的，了解受众群体很重要，因为不同受众群体的关注点也会有差异。

给直属上级做汇报：他更想了解培训是否达成预期；实施前、实施中和实施后的一些细节；在跨部门协作中有怎样的经历；作为掌控项目全局的"知情人"，你的所知、所感及所获是什么，以及此次培训对全部门的利益点是什么。

给培训对象的上级做汇报：他们关注培训过程中自己团队的表现，如优势是什么、劣势在哪里、有哪些突出的个案；你能否从培训经理的专业视角给出学员能力提升的方向，以及培训对这个团队未来绩效提升的帮助在哪里。

给总经理做汇报：通常这个级别的领导更关心培训经理是不是用最少的钱培训了最多的人且效果很好，最好还能有几个优秀的业务骨干及他们所在的部门高管为这个培训"撑腰"，现身说法表达对培训的认可。这时候，合理利用第三方视角和言论，对培训经理更有利。

培训总结不宜烦琐冗长，但注意要有客观的陈述和观点在里面，能从专业的角度给出建议，这些是行之有效的方法且能达到事半功倍的效果。

1.3.7   合格助教

【任务场景】

上级："小培，周末我讲课，你来给我做助教。"

一个合格的助教，首先要把我们在 1.3.1 节中所讲的"跟课 4P"做好，这是基本功。但能够做好"跟课 4P"，只能算是一个合格的跟课者，并不意味着就是一个合格的助教。因为作为一个合格的助教，还要做到以下五个方面。

（1）胜任培训主持人。助教不一定要担任主持人，但一定要能胜任主持人。在讲师需要助教担任主持人的环节，助教要能够轻松胜任，甚至在讲师都没有意识到需要主持人的环节，助教能够敏锐意识到此时需要自己担任主持人。例如，在问答环节，可以配合讲师组织好这个环节，并鼓励大家交流；在缺少主持人的培训课程中，担任课间串场主持人等。

（2）协助讲师巡场。例如，在自主讨论环节、小组任务环节，助教要协助讲师一起巡场，观察学员的参与状态、解答学员关于规则的一些疑问、鼓励或启发学员的思路等，真正扮演好"助理讲师"的角色。

（3）收集学员反馈。助教应主动利用课间时间聆听学员之间的交流，或者直接参与到学员之间的交流中，了解和收集学员对已学内容的反馈或者对整门课程的观点。如有必要，助教需及时把相关信息反馈给讲师，以便讲师在课程开始后做一些针对性的补充、解惑，从而更加有利于课程的展开。

（4）担任计时员。在每一个需要计时的环节，助教要主动担任计时员，并及时把时间报给讲师。在约定的下课时间即将到来之时，助教还可以在后排举牌提醒讲师剩余时间。

（5）记录讲师承诺。助教要主动且敏感地帮助讲师记录他在课堂上承诺的奖励、布置的作业、留下的待探讨问题，以便在课程中途或课程结束以后提醒讲师。

一个合格的助教的身份应该是"助理讲师"，而不仅是一个事务性的协助者。

1.3.8　培训规划及年度预算编制

【任务场景】

上级："小培，今年公司的培训规划和预算编制工作就由你来主导完成吧，写完再给我核对一下。"

要想完成全年的培训规划和预算编制，培训经理就要知道今年要给谁、在什么时候、安排什么样的培训，事先了解整个公司的培训需求。培训规划并不是简单满足各部门提出的需求。在制定培训规划和预算编制的过程中，培训经理还需要对培训需求进行评估，对公司战略进行分解，这样才能做出合理有效的规划，把有限的培训资源投入到最需要的地方。

了解各部门需求分为两个层次，不同层次的做法会决定培训规划是否经得起推敲。

1. "一般"的做法

了解市面上不同主题的公开课和内训课。根据不同主题的公开课，培训经理设计一份培训需求的调查问卷，发送至全员填写，然后将反馈数据进行统计和排序，输出一份培训规划。

培训经理还可以将培训课程列表同步给每个部门的经理，由他们来确定可参加公开课培训的人员名单。这种做法，往往使培训成为部门经理对绩优员工的一种奖励。

2. "不一般"的做法

培训经理与各部门经理进行面谈，从业务发展和战略出发，了解在新的一年里，部门经理为达到业务目标，希望部门里哪方面的工作人员在哪些方面得到提升。而且对于部门经理提出的需求，培训经理一定要通过沟通和探寻，使其明确具体。

如果业务部门经理提出新一年的工作重点是提升部门员工的执行力，那么培训经理需要确定这个需求是否明确、这个需求是否是针对什么问题而提出的。也许业务部门经理认为通过提升执行力可以解决，但也许执行力不是最佳解决方案。因此，培训经理需要找出业务部门主要存在的问题，找到业务部门经理想要提升部门员工的执行力的原因，并引导其举出具体实例，以此来了解提升执行力背后的原因和问题。

最后还要明确一个问题：如果这个问题解决了，会给部门带来怎样的影响？这个问题是用来判断培训资源的投入产出比的。同样的资源投入，只有解决对部门影响比较大的问题，才能带来更大的培训价值。在收集部门需求时，培训经理要更多关注负责公司重要战略方向的部门需求。

完整的培训规划需要考虑不同受众的学习和提升需求，包括新员工培训、管理者培训、内训师培训、高管的领导力发展等。同时，还要结合公司战略考虑是否需要启动特别的培养项目或者人才发展项目。例如，明年是公司的"产品年"，要在现有产品经理团队的基础之上培养出一批优秀的产品经理。那么，明年的培训规划中就必须有承接这个战略的计划，所以需要规划产品经理培养项目。明确项目主题后，培训经理还需要考虑频次、周期、资源采购等问题，以匹配相应的预算。

好的培训规划应该具备以下几个特征。

（1）考虑全局：从宏观的角度研究企业发展的战略和长期目标。

（2）考虑需求：从微观的角度分析不同层级员工的需求，使培训规划能够有的放矢、切合实际。

（3）可执行、能落地：培训规划不是纸上功夫，要考虑执行层面的问题。

（4）短长期结合：培训规划要细分短期目标、中期目标和长期目标。

在培训规划和预算编制完成后，培训经理要制订每一个项目的培训计划。

培训计划从何而来？培训经理头脑中必须有一个地图。培训计划并不是想当然后的产出物，它必须是符合现状的、有逻辑的、合理的、来源于真实需求的产物。我们来看一下培训计划循环地图，如图 1-23 所示。

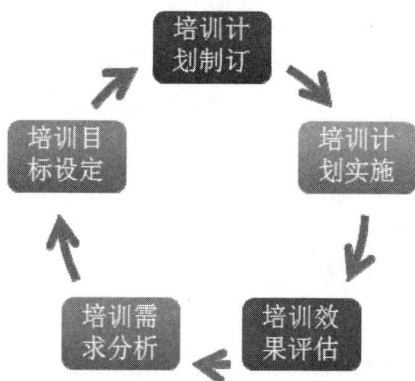

图 1-23 培训计划循环地图

从图 1-23 中可以看出，培训计划由培训目标而来，培训目标来源于培训需求分析，培训需求又受培训计划实施之后的培训效果评估的影响。如此环环相扣、循环往复形成了培训计划的关键流程。因此，要制订一个好的培训计划，就必须精准把控循环中的每一个关键环节。这样的培训计划，既能落地又能切实帮助需求部门，促进其业务提升。

2

成长期

2.1　培训经理要面对的典型项目

在培训管理的生涯中，你会逐步迎来培训项目设计和项目管理的诸多任务。和寻找宝藏的游戏一样，每一个项目就像一道围墙、一道关卡，只有突破每一道围墙、冲破每一层关卡，才能找到宝藏，找到培训工作的乐趣，发现自己职业的广阔前途。

2.1.1　新员工培训项目的项目管理

【任务场景】

上级："小培，新员工培训这个项目就交给你来负责。你看看还可以怎么做得更好。"

几乎所有培训经理接触培训项目的设计和管理都是从新员工培训项目开始的，这也是较为常规的一个培训项目。新员工培训，分为社招新员工培训和应届毕业生新员工培训两种。对中小型企业来说，社招居多，所以这两种培训的区别并不大；对大规模的企业来说，尤其是每年都会参加校园招聘的企业来说，这两类培训的区别还是比较大的。

社招新员工培训的培训对象是有过职场经验的人，根据招聘进度，会不定期开展培训。有的企业由于招聘量较大，会固定每月开展一期或多期新员工培训。社招新员工培训周期一般不会太长。

应届毕业生新员工培训的培训对象是刚刚从学校毕业的学生，培训时间一般是每年的7～8月，时间相对固定，周期相对较长，一般会持续一周以上，有的长达1～6个月。

正是因为两者存在这些不同，所以在项目的设计和管理上，两者也表现出较大的差异，下面的内容会提到。

2.1.1.1　项目设计要点

下面从内容、形式、组织三个方面来探索新员工培训项目的设计。

1. 内容

需求决定内容，新员工培训的需求，往往是组织需求，是企业对新员工的要求。通常情况下，新员工培训的内容包括以下四大类，如图2-1所示。

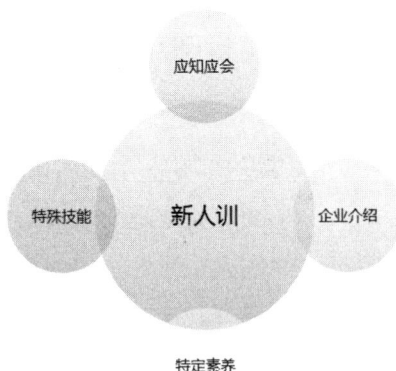

图2-1　新员工培训的内容

（1）应知应会：企业要求并希望员工了解和掌握的制度、流程、规定。例如，操作守则、安全规程、日常制度、行为规范等。

（2）企业介绍：如公司的重要产品介绍、发展历程、企业文化等。

（3）特定素养：每家企业欣赏的工作风格存在差异，如有的强调执行，有的强调创新，有的强调协作，有的强调服务等。很多企业会把这些对员工特定素养的要求，明确作为新员工培训的内容，入门即同频，如第一次就把事情做对、团队协作、创新意识、以客户为中心的意识、其他职业素养课程等。在应届毕业生新员工培训中，还要加入从学生到职场人的角色转变课程。

（4）特殊技能：这个不是每一次新员工培训都有的。例如，行业知识、销售技能、生意机会、基本销售技巧、高端拜访等，这种特定的知识和技能，大多会放在销售人员的新员工入职培训中。

2. 形式

有了培训内容之后，接下来需要考虑这些内容应以何种形式呈现给新员工。培训形式主要有以下三个方面需要考虑。

从内容载体上来讲，要考虑哪些内容适合放在线上，哪些内容更适合放在线下面授。一般来说，制度、流程知识性的内容适合放在线上学习，而文化、素养、技巧等意识共识层面和技能性的内容，适合放到面授学习中。

从时间轴上来讲，如果把线下的面授培训作为一个时间基点，那么在面授前、面授中、面授后，又分别应该做些什么呢？课前预习、课中交流、课后辅导的思路，可以借鉴。例如，要求新员工在面授课程开始之前，先在线上完成一部分知识性内容的学习，带着疑问和好奇心，走进面授课堂，尤其是应届毕业生新员工，他们的时间相对比较充裕，因此可以提前安排相对较多的线上学习和预习。在面授的课堂上，设置互动、竞赛和交流环节，除上述内容外，还可以在课程中安排新老员工交流的环节，请在岗位上表现优异的员工现身说法，和新员工聊一聊如何更快适应工作环境、自己在适应过程中的心路历程、分享一些经验、打打"预防针"等。这其实就是在利用榜样的力量帮助新员工更好地看待自己和新环境，这对应届毕业生新员工的培训价值更大。新员工的课后辅导，一般是在新员工培训开始直到新员工转正这段时间，目的就是留存面授培训中产生的能量，帮助他们尽快"入模子"，课后辅导主要包括面授之后的培训反馈、组织新员工交流活动（线上、线下皆可）等。

从教学设计上来讲，面授培训中所涉及的课程，是以讲授为主呢还是以研讨为主呢，或是以体验为主、练习为主呢？不同课程的主要教学设计思路，也是在设计新员工培训项目中必须考虑的。从教学效果考虑，作为项目的设计者，需要对相关课程内容的教学形式提出要求、提供建议。例如，企业文化课，以研讨、案例分析的方式来展开会更好；团队协作课，以大型游戏或活动体验的形式来展开会更好；有效沟通、客户拜访的课程，模拟演练则更为合适。教学设计的考量，决定了新员工培训是否能够有效落实。

3. 组织

最后，我们再来说说新员工培训的组织，其主要包含以下三个关注。

第一个关注：课程从哪儿来、由谁来讲。新员工培训的课程，主要以内部开发为主，讲师也以内部讲师为主，包括公司高管、业务负责人、内部专职培训讲师等。他们讲的都是本企业的案例、故事、观点、理念，这对学员来说，代入感更强。新员工培训一般不外采课程、不外请讲师、不外包运营。

第二个关注：周期如何、每期时长多久合适。新员工培训的周期要视本企业的招聘进度来决定，如果有批量员工入职，那就固定时间开班，一次培训一批新员工。如果没有批量员工入职，就不能等固定时间开班了，如一周入职一两个人，一个月才入职七八个，要攒够 20 人才开班，三个月就过去了。在这种情况下，如果新员工不能及时得到培训的帮助从而更快适应岗位工作，那么新员工培训就会失去意义和价值。此时可以采取随时入职、随时培训的方式，但对培训经理要求较高，因为经常要给两三个人讲课。在新员工入职的当天，新员工培训就开始了，可以以线上为主，线下为辅。对每期培训来说，时间不宜过长，以免影响正常工作，可以视具体培训内容而定，时间一般为 1~3 天不等。但应届毕业生新员工培训除外，由于应届毕业生新员工没有职场经验，没有经过训练，因此往往需要更多的时间对他们进行"打磨"，正常情况下 7~30 天都是可以接受的。

第三个关注：异地分散型的新员工培训怎么组织。有一定规模、预算充足的企业，这也不是问题，会让各地新员工集中起来，如集中到总部参训。如果预算不允许把异地新员工都集中起来培训，那怎么办呢？最好的办法是使用线上学习平台、加大线上课程比例，关键环节可以采用直播的方式。

2.1.1.2 项目管理关键点

新员工培训项目要想最终做出亮点，在项目管理中就要尽力做好"三感"，如图 2-2 所示。

图 2-2　新员工培训项目管理的"三感"

（1）保持足够的仪式感，让用人部门放心、让新员工渴望。因此，每期新员工培训都要有精心设计的开幕式或开营仪式、闭幕式或结业仪式。新员工培训的参训表现和成绩最好能与该员工是否能够正常转正联系起来，从而使新员工重视并投入培训中。试想一下，一个对新员工入职培训这样充分了解自己企业的机会都漠不关心的、不好好表现的人，未来在自己的岗位上真的能做好吗？

表 2-1 是一家企业社招新员工入职培训安排样例，其中就体现了满满的仪式感。

表 2-1 社招新员工入职培训安排样例

XX 公司社招新员工入职培训课程安排

日期	时间段	环节	环节目标	主要内容	讲师	备注
D1	08:30—10:00	开幕式	使参训学员相互熟悉起来，打破尴尬气氛；建立关于培训相关考核纪律的共识；使大家明确掌握培训期间的日程安排	回收《培训承诺书》、破冰、结束培训安排，同步培训纪律	专职讲师	发培训通知时附上《培训承诺书》，个人打印出来签字，培训当天带到现场签字；培训当天未带到现场，如未签券，视为入场券，不准参训，直接终止试用；明确培训考核不通过的，且培训考核不通过纪律，直接终止试用；游戏活动一般使用贴笑脸
	10:00—12:00	课程"对话总裁"	让新员工能够有直接提总裁交流的机会，了解自己关心的问题，通过面对面的交流，增强自己与公司共同成长的信心	总裁现场回答学员提出的问题（问题提前收集、归类）	总裁	1. 发培训通知的时候要求大家对自己想与总裁交流的问题做一些思考2. 在培训开始前一天将所有问题进行收集、归类，并做成 PPT3. 总裁在现场可按 PPT 的顺序进行问题解答，解答完毕后进可以再给现场员工几次提问的机会，具体视时间而定

续表

XX公司社招新员工入职培训课程安排

日期	时间段	环节	环节目标	主要内容	讲师	备注
D1	13:00—15:30	课程"产品制胜"	通过讲故事让新员工了解××公司成长的典型故事、制胜法宝，并对公司的发展及现行的企业战略有所掌握	1. ××公司典型的"赢"的故事 2. ××公司的产品线及发展及其转型 3. ××公司的企业战略及我们如何在岗位上发挥自己的力量 4. 作为新员工我们如何在岗位上发挥自己的力量	高级副总裁	—
	15:30—18:00	课程"质量意识"	培养学员"质量有责"的意识，了解质量常管理工具，从而能够在日常工作中增强质量意识	1. ××公司质量管理体系与质量目标准介绍 2. 质量意识概念理解与传递 3. 质量管理工具学习介绍	副总裁	—
	19:00—21:00	课程"大型团队协作体验——CONTACT"	帮助学员树立主动沟通、主动联合、主动融入的开放心态	无道具室内拓展活动	专职讲师	采用二个活动组合的形式，活动的难度层层递进。活动的主要内涵就是联合、开放、主动融入、团队合作
D2	08:30—17:00	课程"××公司企业文化"	帮助新员工理解和掌握××公司的企业文化，尤其是核心价值观和共有行为要素；同时能够建立企业文化与个人关系的认知	企业文化课程+研讨与共识	副总裁/专职讲师	—

续表

日期	时间段	环节	环节目标	主要内容	讲师	备注
D2	17:00—18:00	新老员工交流	学习适应环境的经验；树立榜样和目标；提前打"预防针"，做好接受挑战的准备	上年度优秀新员工现场答疑、分享	专职讲师	以开放式互动为主，需提前为嘉宾（老员工）做价值和目标设定
	19:00—21:00	闭幕式	总结两天的课程，进行价值回收，督促学员落实到行动上；颁发与学习相关的奖项	回顾、颁奖		—

（2）保持平稳的节奏感。节奏感不仅包括开班的节奏，也包括复盘的节奏，当其形成固定周期后，就不会轻易改变。将这种节奏保持下来，对所有的新员工来说都是一种安全感。负责新员工培训运营的人，也能够通过每期的训后复盘，获得持续精进。

（3）保持参训的兴奋感。一方面是学员的兴奋感，通过培训场域的营造，用场域的力量让他们兴奋起来；另一方面是负责这个项目的培训经理要兴奋起来。新员工培训是重复性工作，可能每一期培训只是学员不一样，这样很容易使组织者产生职业倦怠。所以，培训经理要通过持续精进、不断创新让自己保持兴奋感，否则，这项工作就会变成压力，每次要开始培训了，就闷闷不乐。

2.1.1.3 注意事项

新员工培训项目中有些细节容易被忽略，而这些细节又会直接影响培训效果。容易被忽略的注意事项包括以下两个方面。

（1）内容的迭代和更新。这主要体现在企业的应知应会、发展历程、重要产品等课程中。这些内容会随着公司的发展、产品的迭代、制度的变更而发生变化，因此一旦发生变化，就要及时更新并同步到课程中，以免出现滞后，无法让新员工获知最新信息。

（2）贴心的提示和解答。新员工入职，身处一个陌生的环境，周围都是陌生的人，他们在本能上是缺少安全感的。在接受培训的过程中，培训的相关人员如果不够贴心或者解答的问题不够清楚，那么就会让新员工对公司产生不信任感，走向新员工培训目标的反面。所以，及时的天气提醒、交通指引、一张笑脸、一份问候等这样小小的举动，是特别温暖而必要的。在面授培训的课间和其他交流环节，新员工往往会有各种好奇和疑惑：关于发展前景的、关于职业通道的、关于福利待遇的、关于领导风格的……虽然这些不一定都在课程中有所体现，但是助教人员要懂得如何应对和回答，让新员工感觉到这个公司是很负责任的，这样可以给他们留下较好的印象。

2.1.2 导师制的项目管理

导师制，是指从新员工入职当天起，就为他指定一名工作经验丰富、在公司表现优秀的员工伴随他一起成长并对他的绩效负一定责任的员工培养机制。

如今，越来越多的公司实行导师制，因此设计并落地一个好的导师制，是培训经理的必备技能之一。

2.1.2.1 项目设计要点

导师制的设计，要做到"六个明确"，如图 2-3 所示。

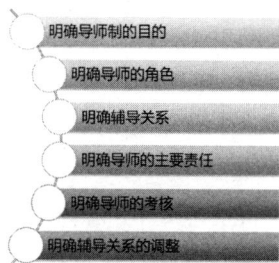

图 2-3 导师制设计的"六个明确"

1．明确导师制的目的

导师制主要有三个目的。

（1）向新员工传递公司的工作风格和企业文化。

（2）为公司培养后备管理人才提供一个平台或机会。

（3）将优秀员工的工作技能与经验分享给新员工，以帮助其更快成长、达成绩效。

2．明确导师的角色

（1）临时主管。

（2）辅导员、教练。

（3）榜样、带头人。

明确导师所扮演的角色，在导师制落地的过程中有着非常重要的影响。如果角色不清晰，导师就很难对自己的职责有一个清晰定位，最终可能导致导师制"名存实亡"。

3．明确辅导关系

（1）导师资格标准。

要把"导师"当成一种荣誉，不是所有员工都可以担任导师的。可以安排专门的人力资源部导师档案管理员负责统计和管理能担任导师的员工。导师的选拔可以参考下列标准。

② 与企业文化的相融程度高，愿意学习和互助。

② 入职时间满两年。

③ 绩效表现优异，有能力对培养对象进行业务指导。

④ 无不良工作习惯，无违法乱纪记录。

（2）导师指定原则。

原则上，一个导师同一时间只能辅导一个社招新员工（如果该导师本身就是新员工的直接主管，则最多可以同时辅导三个社招新员工），如果辅导的是应届毕业生新员工，则不得超过三个。公司要鼓励更多优秀的老员工担任导师。

（3）辅导关系的生效。

导师与新员工之间的辅导关系自新员工入职起确定并生效。

（4）辅导关系的期限。

新员工入职的前三个月为辅导期，人力资源部的跟踪与考核只针对这三个月。三个月之后，辅导关系是否解除，由各用人部门根据岗位特性自行决定，人力资源部不再跟踪和考核。当然，也有公司执行"终身导师制"，也就是说导师的辅导关系长久存在。"终身导师制"在生产制造型企业中较为常见。

4．明确导师的主要责任

主要责任会直接影响导师的日常行动，导师的主要责任包括以下几个方面。

（1）帮助新员工熟悉岗位相关的流程和系统。

（2）参与新员工的工作任务分配与指导。

（3）帮助新员工提升工作能力，更好实现绩效目标。

（4）参与新员工的试用期考核工作，给出评价或者打分，与用人部门的主管人员进行沟通。

（5）参与新员工的转正流程，相关转正意见直接影响新员工能否转正。

（6）发现新员工的异常表现应及时沟通、处理、反馈。

5．明确导师的考核

导师的考核有两个方向。一是不考核，其出发点是认为导师带新员工本来就是给导师额外增加的工作，不宜再对这份工作进行考核。二是轻考核，其出发点是认为导师带新员工本身就是对其管理潜力的发掘、管理能力的培养，而且这个过程存在风险，如由于导师不尽责导致新员工对公司失去信心，再次离职。如果需要考核导师，那么可以把导师制同积分制、现金奖励结合起来，具体可以参考下面的方法。

（1）导师成功辅导新员工圆满结束三个月辅导期的，导师获得 X 个积分；所辅导的新员工提前转正的，导师获得 Y 个积分；所辅导的新员工延迟转正的，导师获得 Z 个积分；所辅导的新员工辅导期内离职的，导师不获得积分。

（2）"年度优秀导师"每人奖励现金 M 元，"年度最佳导师"奖励现金 N 元。

"年度优秀导师"评选标准：导师本人所在部门撰写推荐材料，人力资源部组织评审小组依据推荐材料、人力资源部对导师制的跟踪反馈记录、导师本人的其他综合表现进行评审，评选出六名"年度优秀导师"，并在六人中评选出一名"年度最佳导师"，但是奖励不累计，取最高值。

评审小组构成：分管领导两名，培训代表一名，招聘代表一名，人事代表一名。

出现以下任何一种情况，将被剥夺评选资格，并剥夺以后做导师的资格。

① 被所辅导员工有效投诉。

② 被中途撤销导师资格。

③ 所辅导的新员工出现重大违纪行为。

④ 本人做导师期间出现重大违纪行为。

⑤ 与所辅导的新员工发生重大纠纷。

（3）本部门有导师被评选为"年度优秀导师"时，部门主管获得 50 积分。本部门有导师被评选为"年度最佳导师"时，部门主管获得 100 积分，如果两者重叠，则取高值，不累计。

（4）导师经历将作为员工晋升的必要条件，没有担任过导师的员工，将不能被提升为管理者。

（5）新员工在辅导期内如果犯原则性、严重错误，那么导师也要承担一定的连带责任。

6．明确辅导关系的调整

不主张频繁更换导师，但特殊情况应该特殊处理。

（1）如在辅导期内新员工离职的，辅导关系自动中止。

（2）如在辅导期内导师离职的，用人部门主管需自该导师提出离职后的三个工作日内为新员工指定新的导师，并及时通报人力资源部进行导师档案调整。新任导师的辅导期接续原导师的辅导期，仍是三个月期满。

（3）如在辅导期内新员工主动要求更换导师的，用人部门主管在与其沟通后确认需要更换的，应自新员工提出更换导师之日起三个工作日内，为其指定新导师（如果新员工指名要求某位同事作为自己的导师，那么可依据导师资格标准，优先满足新员工的要求），并及时通报人力资源部更新导师档案。新任导师的辅导期接续原导师的辅导期，仍是三个月期满。

（4）如在辅导期内，由于人力资源部的跟踪反馈显示导师未能按照公司的要求履行其职能，且建议和提醒无效，因而建议用人部门主管为新员工更换导师的，用人部门主管需先与导师进行沟通，如不能继续辅导，则用人部门主管需自沟通之日起三个工作日内，为新员工指定新导师，并及时通报人力资源部更新导师档案。

（5）如在辅导期内，因新员工调岗或转岗导致与导师联系不紧密而使辅导关系不能维系的，用人部门主管应该视情况为其重新安排导师，并及时通报人力资源部更新导师档案。

2.1.2.2 项目管理关键点

导师制很容易流于形式，因此导师制项目管理的关键在于流程的落地和执行。导师制涉及人力资源部的招聘岗人员、培训岗人员、劳动关系岗人员、新员工本人、新员工导师、用人部门主管六方，如果其中有一方在流程中中断了，就可能导致整个流程中断。因此，培训经理在管理导师制的时候，要确保每一方都清楚流程如何展开，要确保每一方都知道在流程的每个节点自己应该采取的行动。

以下是某企业的导师制执行流程，仅供各位培训经理参考。

（1）新员工入职的前一周，用人部门主管需为其指定导师，并发送正式书面通知（邮件），同时将通知抄送人力资源部导师档案管理员。

（2）人力资源部导师档案管理员在确认导师资格后，即可向其发送电子版《导师工作指南》。

（3）导师与用人部门主管共同确定新员工试用期考核指标，并针对新员工的工作任务分配达成一致，导师制订三个月的辅导计划。

（4）新员工入职当天，用人部门主管向其正式介绍导师，并对导师的相关责任加以说明，使新员工了解导师的角色和作用。新员工入职培训负责人在"新秀课"上，向新员工介绍公司的导师制及如何利用导师制提升自己。

（5）导师与新员工沟通三个月的辅导计划和试用期考核指标，并将辅导计划以邮件的形式发送给员工本人和人力资源部导师档案管理员，此计划将作为日后人力资源部进行跟踪反馈的基本依据之一。导师按照辅导计划对新员工进行辅导和培训，同时根据工作任务的需要，关注新员工的绩效表现，对新员工提供帮助，定期或不定期地同新员工进行沟通。用人部门主管给新员工分配工作时，必须告知导师，如果条件允许，建议先与导师沟通再分配工作。新员工每个月的考核评价，用人部门主管应征求导师的意见。新员工的绩效面谈，要求用人部门主管、导师、新员工本人三方共同参与。新员工转正要求导师提交《转正评价意见书》，这直接影响新员工的转正结果。

（6）人力资源部在新员工入职一周、一个月、三个月时，要通过各种方式跟进新员工培训情况，了解导师制的执行情况及新员工的感受。

（7）新员工入职每满一个月，需提交一份当月的学习情况总结，主要反馈导师对自己学习方面的要求和帮助，并发送给人力资源部导师档案管理员。

（8）人力资源部组织导师正式交流会，每季度一次，邀请刚顺利完成辅导的导师和刚做导师的员工两部分人参加（5～7 人），交流辅导经验；组织新员工交流会，每季度一次，邀请刚入职和已经顺利转正的两部分员工参加（5～7 人），交流学习经验。

（9）人力资源部根据业务安排，不定期组织导师进行非正式交流活动（可以同管理者非正式交流活动合办），如 CS、卡拉 OK、郊游、各类比赛等，以增进导师间的各种交流及提升集体存在感和集体荣誉感。

（10）人力资源部合理安排导师工作的其他形式宣传，内容主要包括新员工感言、导师的先进事迹、公司导师活动的品牌宣传等。

图 2-4 所示为某公司导师制执行流程。

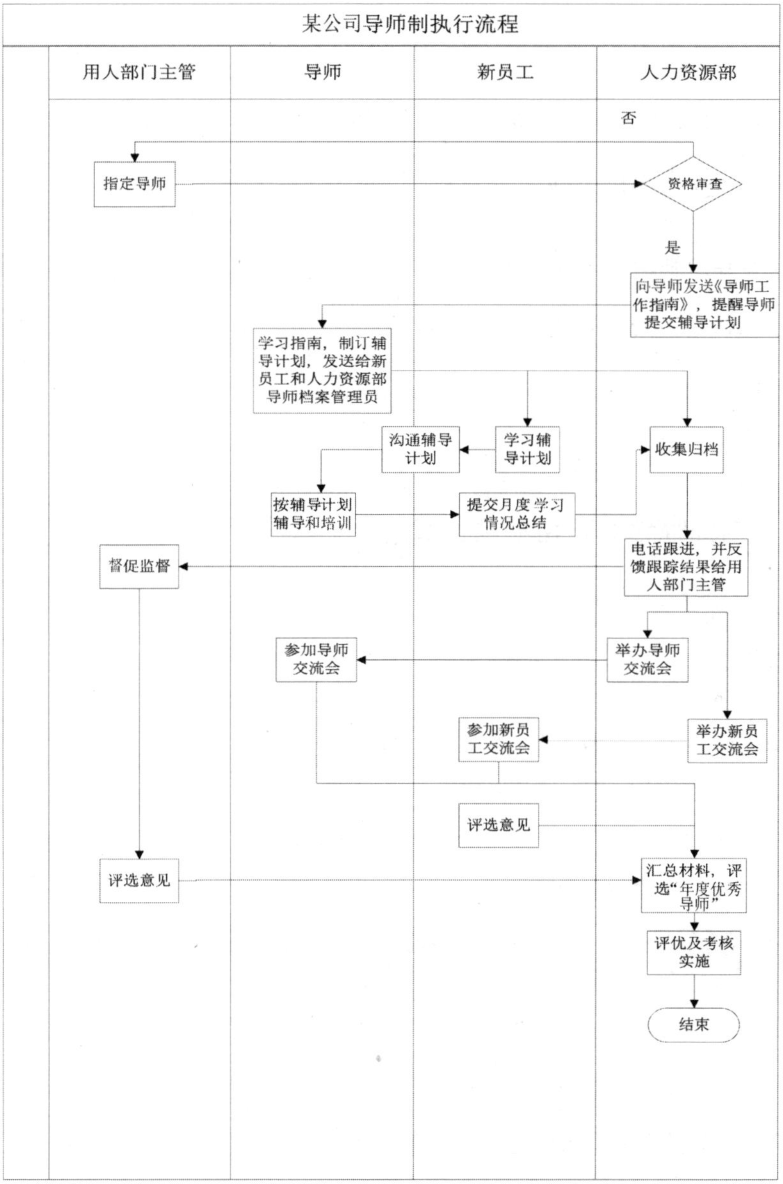

某公司导师制执行流程			
用人部门主管	导师	新员工	人力资源部

图 2-4 某公司导师制执行流程

2.1.2.3 注意事项

导师的确定一定要在启动岗位招聘时就完成，即用人部门主管在提出招聘需求时，就需要确定本岗位的导师，且要通知导师本人。人力资源部负责招聘的人员在给候选人发录用通知时，最好就能体现出导师关系。

负责导师制的培训经理一定要提醒导师将新员工带给更多的同事认识，并且将自己在公司的人际关系介绍给新员工，帮助新员工在公司内部更顺畅地处理工作。

2.1.3 内训师培养项目的项目管理

【任务场景】

上级："小培，你接下来把咱们公司的内训师的培养抓一抓，好好梳理一下培养体系。"

接到这个任务的小培很高兴，因为内训师的培养他在原来的公司就做过，而且效果非常好。正好可以结合公司目前的情况把之前的成功经验再做一次升级。

于是，小培找到了去年推进过内训师培养项目的同事，了解了去年内训师培养的做法。通过了解，他发现内训师培养项目是一个做了很多年的项目，设计上比较合理，只是在有些方面还有可改善和提升的空间，如在培养机制上、培养对象的选择上等。小培梳理完思路后，做出了一份关于今年内训师培养的计划书，发给了领导。小培梳理的内训师培养项目流程与问题如图 2-5 所示。

内训师培养项目

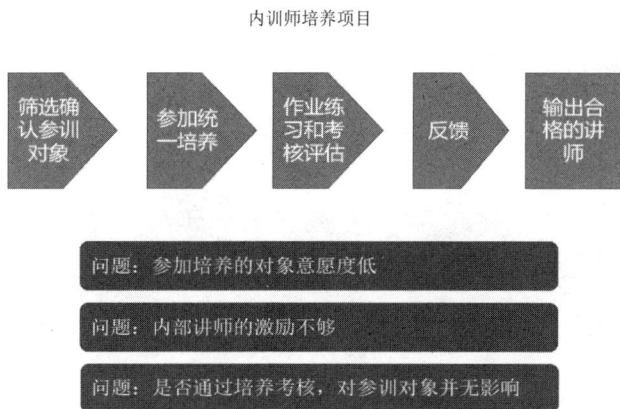

图 2-5　小培梳理的内训师培养项目流程与问题

然而，满心欢喜的小培等来的不是领导的表扬和肯定，而是一系列的问题。

去年项目成功和失败的原因是什么？

今年的内训师培养想要达成的结果是什么？

去年没有达到的目标，在今年如何确保能够达到？

对于以上这些问题，小培是有思考和设计的，只是他的思考是基于自己对项目的理解，而不是与其领导沟通后达成的共识。例如，关于项目想要达成的结果，小培认为是保证通过统一培养后输出的合格内训师数量，而领导对于项目的期待是能够有满足不同业务需要的、达到不同要求的内训师输出。如果对项目想要的结果没有达成统一共识，那么后面设计得再好也很可能事倍功半。

小培对过去统一的培训内容进行了拆分和设计，有些学员只需要完成一阶练习和实践评估后就可以拿到讲师证书，而另一部分学员，需要完成一阶和二阶学习和训练辅导之后，才可以拿到资深讲师证书。同时，通过内训师制度的牵引，提升内训师的含金量，从而更大限度地激励内训师队伍。小培重新设计的内训师培养项目流程如图2-6所示。

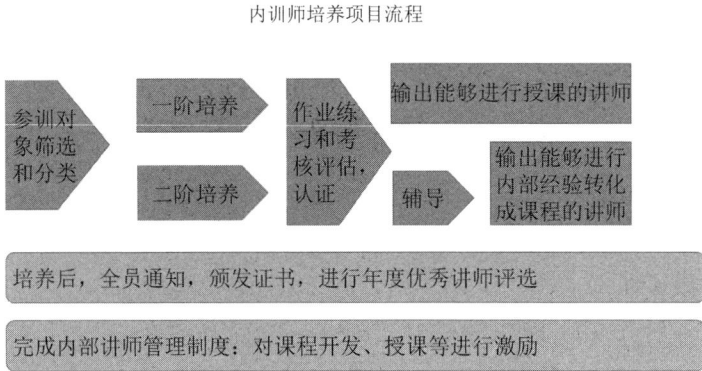

内训师培养项目流程

参训对象筛选和分类　→　一阶培养　→　作业练习和考核评估，认证　→　输出能够进行授课的讲师

二阶培养　→　辅导　→　输出能够进行内部经验转化成课程的讲师

培养后，全员通知，颁发证书，进行年度优秀讲师评选

完成内部讲师管理制度：对课程开发、授课等进行激励

图2-6　小培重新设计的内训师培养项目流程

2.1.3.1　项目设计要点

越来越多的企业关注内训师的训练和培养。内训师体系一般包括三个方面的内容：一是内训师的训练，二是内训师的使用，三是内部课程的开发。这三个方面，缺一不可，相互依赖，相互支撑。如果把内训师体系简单理解为内训师的训练，那其实只是一个内训师的培训计划而已，并不完整。内训师要想有讲课的基本功，就需要经过内训师训练；内训师培养出来以后，必须有使用计划做支撑，所谓的使用计划就是讲课的机会；一旦内训师培养出来且有了讲课机会，就会对课程的需求量大增，企业也会有更高的要求，那就是在各类培训中尽量讲我们自己的课程，这就有了内部课程开发的需求，

建立企业内部课程库。

（1）内训师的训练。

内训师有三个层次：第一个层次是会讲课、讲好课；第二个层次是有了需求或者课程开发大纲能开发出通用课程；第三个层次是能够挖掘需求、萃取内部最佳实践，给出课程开发大纲。我们也可以形象地称上述三个层次为内训讲师、内部培训师、内部培训专家。不是每个内训师都要掌握这三个层次的内容，也不是每个内训师都要遵循这三级认证。有的人喜欢讲课，只要做好第一个层次就好；有的人喜欢挖掘和萃取，那就需要把第三个层次做好。"好师"，不一定能开发出好课；好课，也不一定就是"好师"开发的。在内训师的训练上，一般的做法是先从第一个层次开始培养，也就是我们常说的培训培训师。

（2）内训师的使用。

要知道，内训师大部分都是兼职讲师，他们都是公司的管理者或者业务骨干，在内部讲课，对他们来说会额外增加他们的工作时间和工作负荷。因此，打造和使用内训师，不是一件容易的事。想要持续打造一支优秀的内训师队伍，必须在内训师的使用上做好三件事。

第一件事是得到高层的大力支持，营造浓厚的尊重和使用内训师的场域。如果高层并没有意识到内训师团队的意义和作用，甚至认为培训内训师只是一种形式，没有什么作用，那么在这样的心态下，高层很难重视内训师的发展。高层不重视，中层也不会重视，到最后能讲课、愿意讲课、有时间讲课的内训师就只剩下基层员工了。这些内训师得不到上级的支持，自己也会失去动力，久而久之，内训师的队伍建设和使用，要么不了了之，要么敷衍了事。中国惠普内部培训师队伍能够很好发展起来，就是依靠中国惠普前总裁孙振耀的带头推动。孙振耀清楚依靠人力资源部来让每个部门的高层管理者在工作之余来讲课是非常困难的。所以，首先他在公司倡导培养人的氛围，在不同的场合引导高层管理者——一个好的管理者最终应该是一个好的讲师，具备培训能力是做好管理的必备技能，掌握这项技能才是一个合格的管理者。其次，他还率先垂范，承诺自己每年讲课不少于四次，在他的带动下，很多高层都加入了内部讲师的队伍。

第二件事是给予内训师丰厚的回报。回报不仅包括课酬，还包括给予他们职业成长的帮助、提供他们需要的培训课程、内部的表扬和奖励、成就感的满足等。如果需要建立企业内部的讲师课酬制度，那么可以对内训师进行分级认证，分级可以参考工作经验、每年授课时长、学员满意度反馈、现场试讲评审等多个维度，如简单的可以划分为初级、中级和高级三个级别，复杂一些的可以分为 ABCDE 五个级别等。级别跟课酬挂钩，课酬的计算可以分为小时制和日制，即每小时课酬和每天课酬。有课酬，就能调动内训师的积极性。但也有特例，在宝洁公司，内训师是没有课酬的，但人人都争当内训师，因为他们更关注除课酬外的其他回报，这些回报主要包括以下几个方面。

① 评估对组织发展的贡献，当讲师是一个重要的标志。

② 当讲师发展的技能对个人在宝洁公司的长期发展是非常重要的。

③ 即使想跳槽，掌握一门宝洁公司的课程对个人也是非常有利的。

④ 当讲师是一种荣誉，上级也很看重这一点。宝洁公司会给每门课的认证讲师发一个水晶球样式的讲师认证牌，如果把它放在自己的办公桌上，那将是一件

非常光荣的事情。

⑤ 晋升考核机制很看重这一点。宝洁公司认为在公司中最宝贵的财富是人，培养了人就是为公司创造了价值。因此，组织贡献在宝洁公司的绩效考核中占了50%的比例。

⑥ 每年评选"十佳讲师"，由参加过培训的学员投票选出，能够荣获"十佳讲师"，对个人在宝洁公司的职业发展是非常有利的。

第三件事是创造更多内训师上台的机会。从最基础的新员工培训，到内部的各类培训，都优先使用内训师资源，鼓励内训师讲课。尽最大的可能，在每一个内训师上完每一次课之后，都及时地给予积极反馈和感谢。

（3）内部课程的开发。

一个完整的内训师体系，一定少不了内部课程库。内部课程库的形成，一般经历三个阶段。第一个阶段的课程开发，是把外部课程内化或者把经典理论丰富成课程。第二个阶段的课程开发，是作为内训师的管理者、业务骨干，尤其是产品经理把自己本岗位的工作经验或者产品知识开发成课程。例如，很多银行的每一个产品经理都会讲自己的产品课。第三个阶段的课程开发，是培训岗位的专业的讲师、课程开发经理用专业的课程开发经验和工具，萃取内部最佳实践，形成独有的内部课程。这个过程既有专业培训专家的参与，又有内部实践和业务高手的参与，大家各施所长、共同开发，这就是后面要讲到的"SO 模式敏捷课程开发"。

2.1.3.2　项目管理关键点

内训师项目管理的关键点：一是多请高层参与，二是多讲、多练、多上台。如果是与外部机构合作的项目，除这两点外，还有两个很重要的点：一是与对方及时沟通，对项目实施进行阶段性评估和反馈，与外部机构保持信息的畅通和同步，确保在项目实施过程中可以为了达成目标进行灵活调整和变通，这一点在项目实施前就应该达成共识；二是做好项目的衔接，需要落地的部分、不在培训机构服务范围内的内容，要确保能够平稳落地实施，避免出现断档或者前后要求不一致的情况。

2.1.3.3　注意事项

注意事项有两点。

其一，要跳出一个误区。"在内训师的筛选上，意愿度最为重要，其次才是其他方面的综合素质"，这是一种错误的认知。做过多年培训管理或者管理过多年内训师项目的培训经理都有一个共识：很多人想做内训师，但在可见的周期内，他却很难成为一个合格的内训师。例如，逻辑思维能力、对学员情绪的敏感度、触类旁通的强学习力等，这些底层素质，不是一两次 TTT 课程就能训练出来的。所以，在内训师的前期培养中，为了充分调动大家的积极性，可以把很多有热情、有主动性的人招募进来，给他们学习的福利。但是在后期的培养中，一定要把重点和精力放在那些真正适合当讲师的人身上，只有这样才能在内训师建设方面取得成果。

其二，不能急于求成。内训师体系的建设是一个较长周期的规划，而不是一两次课程的问题。只有经过不断捶打、不断历练才能成为一名优秀的内训师。所以，在内训师训练和培养的过程中，一定要不断创造各种机会让"准内训师"有机会上台，即使没有太多公开的机会，也要在"准内训师"团队内确立机制，创造内部磨课、内部演练的机会。记住一点：台上一分钟，台下十年功。因此，所有台上的表现都离不开台下刻苦训练的积累。

2.1.4　潜力员工培养项目的项目管理

【任务场景】

上级："小培，公司要启动明年的潜力员工培养。你研究一下这个应该怎么设计。"

小培了解到，公司每年都有潜力员工培养项目，并且整体运行还不错，但还是有些部门不是很配合。因为统一的项目实施，缺乏针对不同群体的考虑，如销售、研发、职能等岗位，而且从不同个体来看，每个个体的需求也是不一样的，如果采用统一做法会显得有些僵化。

了解到这些信息后，想要突破的小培，有了一个更加开放和大胆的想法——必须打破以往传统的做法，为每个人制订一个潜力员工成长计划。

2.1.4.1　项目设计要点

通过对潜力员工、潜力员工的直接上级及部门经理的多方访谈，小培已经掌握了一手信息。胸有成竹的小培设计了一个潜力员工成长计划模板，如表 2-2 所示。这个模板既要考虑到共性的需求，又要兼顾到每个人的个性化需求。

表2-2　潜力员工成长计划模板

潜力员工成长计划模板							
姓名		部门		虚拟管理人数		直接上级	
成长目标	直接上级期待水平描述	以期待水平为5分，对现况打分（0～5分）	学习内容		直接上级辅导计划（明确：频率、形式、时间）	年底打分（0～5分）	
			个人自学	集中培训			
个性化需求1							
个性化需求2							
共性需求1							
共性需求2							
共性需求3							

通过邮件和面对面沟通，小培对如何完成此表与潜力员工的直接上级进行了沟通。小培要求每个潜力员工的直接上级与潜力员工进行正式面谈，向每一个潜力员工明确传达相关计划内容，并达成以下共识。

共识一：被选为潜力员工的原因(潜力员工在这个岗位上的优势或者潜力)？

共识二：为了胜任管理岗位，潜力员工还需要在哪些方面进行提升？

共识三：明年，作为直接上级最期待、最迫切需要潜力员工提升的一个点是什么？

经过一番努力，小培基本按时收到了潜力员工直接上级的反馈，他觉得自己开了一个好头，既然各方对今年潜力员工的培养需要达成的目标有了清楚的认识，并且也完成了成长计划，那么每个人对自己在该成长计划中扮演的角色，也应该是有明确认知的。接下来只要每个月不断跟进，就能让一切按照计划执行。

亲爱的读者朋友，看到这里，请你来预测一下，小培的潜力员工培养项目是否能够取得成功？如果成功，那么是因为什么而成功的？如果不成功，那么又是什么原因呢？

可以在这里先分享一下你的观点。

_____

_____

_____

让我们一起来分析一下小培设计的这个项目。

表面看起来好像是因为个性化导致了整个项目的跟进难度过大，从而使得计划容易在执行中流产，进而导致整个项目失败。其实不然，个性化只是表面现象，只要用"5-Why"工具（又称"五问法"，也就是对一个问题连续以 5 个"为什么"来自问，问题必须是接续的，以此来追究其根本原因，提问次数并不固定只能是 5 次），多问自己几个"为什么"，就会找到最根本的原因是没有和项目中各方真正达成一致，把潜力员工培养这个需要多方投入、以业务部门为主的项目，变成了培训经理的"独角戏"。

潜力员工培养是一个常规项目，在有些企业里又称为后备干部培养。

"721"法则告诉我们：一个人的成长 70% 来自工作岗位上的实践，20% 来自同事和上下级对他的反馈，10% 来自现场学习。这个法则适用于任何学习和培养项目，在潜力员工的培养和管理者培养中也是格外重要的。如何创造这种实践的机会和氛围，如何让业务部门投入精力来完成潜力员工的培养，不是通过几封邮件、一两次沟通就能完成的。在项目需求收集、项目设计、项目实施的整个过程中，培训经理需要与项目中涉及的各方保持各种正式和非正式的沟通。

项目设计好之后，到项目执行之前的这段时间内，培训经理需要与参与项目实施的各方沟通，并回答以下各种问题。

这样做，他们能从中获得什么益处？

时间不够怎么办？

为什么不是培训经理而是他们需要投入那么多？

为什么要采用这种方式而不采用那种方式？

他们不知道该如何进行辅导，怎么办？

……

培训经理需要提前考虑好这些问题，如果无法回答这些问题，那么将很难与他们达成一致。此时，培训经理就需要换一个角度或换一种思路来重新考虑自己设计的项目，是否需要调整。

假如在此项目前期沟通中，业务部门反馈因为业务压力大没有太多精力投入潜力员工的培养中，那么面对这样的现状，你会针对项目如何进行调整呢？

要明确项目边界，如果业务部门不能保证相当精力的投入，那么个性化需求的部分可以考虑不放在项目中，潜力员工培养项目可以只聚焦共性需求的满足，确保共性需求的目标达成。如果个性化需求对业务部门来说是非常重要的，那么就要保证足够的精力投入；如果对自己看重的能力提升都不愿意投入，就说明其实那些并不是最重要的。因此，培训经理在设计项目时，要敢于跟业务部门"叫板"，要敢于用自己的专业知识给出一些权威论断。这样，不仅业务部门会认可你的专业，而且在项目的设计上你也能够掌握主动权。毕竟，在人才培养上，你是专业工作者。

下面是我们曾经在企业里实践过的案例，供大家参考。

公司每年年终采用 Session C（GE 推崇的评估方法，这是一种更为全面的年度综合评估工具，不仅包括员工的当年绩效成绩，还包括员工的能力素养、对企业文化的认可程度、未来的发展潜力三方面的评估）的评估模式对员工进行评估，Session C 评估结果会应用到年度调薪、晋升、职业发展中，帮助公司发现具有管理潜力和业务潜力的员工，并将这部分人作为公司发展的储备人才及重点培养人才。这里的管理潜力员工和业务潜力员工，统一简称为"高潜员工"。而这其中的管理潜力员工，直接在年初进入人力资源部培训中心设计的高潜员工培养体系进行为期一年的培养。高潜员工培养模式如图 2-7 所示。

方案关键词：用以致学。

整个高潜员工培养体系秉承"用以致学"的原则，通过实战的项目管理，让高潜员工发现自己存在的管理理论缺失和管理技能缺失，从而产生学习的需求，并通过学到的理论和技能，进一步帮助自己推进项目管理工作，促进绩效目标的达成。

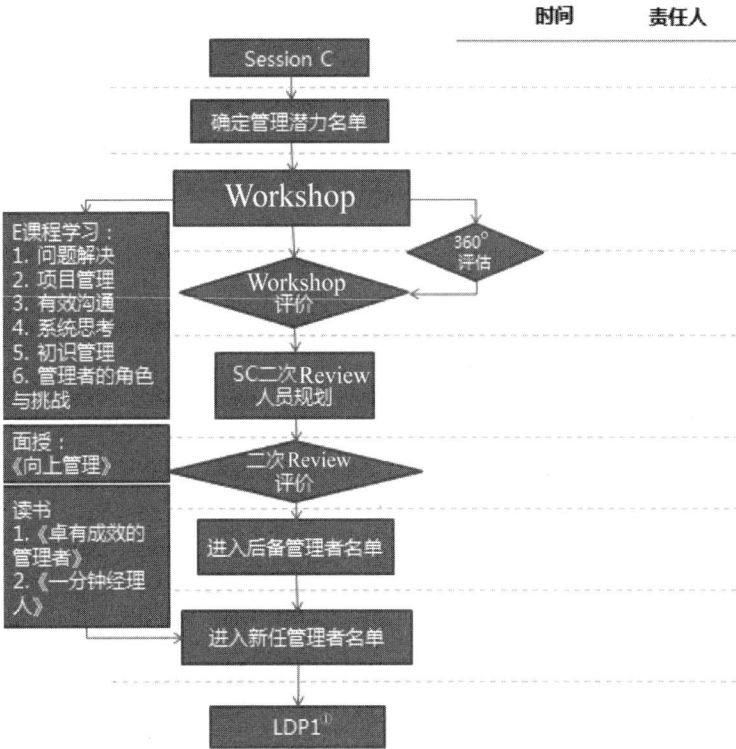

图 2-7　高潜员工培养模式图

　　高潜员工培养主要采用 "Workshop" 的模式。

　　Workshop，即工作坊或活动营。而高潜员工培养所提到的 "Workshop" 是指以公司当下开展的实际工作项目作为管理潜力员工培养的载体，即用人部门在本部门正在进行的业务当中，指定一个与所要培养的管理潜力员工相关性强的项目，由该员工担任项目经理或项目负责人，管理项目团队，控制项目进展，对项目的

---

① LDP1，是指公司内部的领导力发展项目第一阶段。LDP，即 Leadership Development Program。

绩效产出负责。具体流程如下。

在高潜员工 Workshop 操作图（见图 2-8）中，1.2 和 3.3 为需要高潜员工的直接上级和分管该业务的公司高管主导参与的环节。在整个 Workshop 进行中，被培养的高潜员工完全扮演了一个真实的管理者角色，只不过因为项目周期的问题，这个管理者是"临时的"，但是其所做的工作却完完全全是一个管理者的基本工作。参与培养的高潜员工需要组建自己的团队、确认项目实施周期与每个成员的工作分配、制订项目计划、实施进度跟踪与检查、辅导与协调团队工作、确保项目产出与目标达成、汇报完成情况并做总结反馈。最后的项目汇报直接以答辩的形式进行，高潜员工的直接上级与分管该业务的公司高管现场做评审，按照评审表的要求，对高潜员工整个项目管理期间的表现及其管理素质进行评价，以真实的管理效果来体现管理潜力或者能力。

图 2-8　高潜员工 Workshop 操作图

在高潜员工实施管理、推进项目的过程中，培训部门会推送相关学习资料。

学习资料主要分为三类：一类是在公司的 E-Learning 系统（线上学习系统）上分阶段完成 6 门 E-Learning 课程的学习；第二类是如何处理与上司的关系、管理好上司的面授课程——"向上管理"；第三类是分阶段完成两本指定书籍的阅读。所有自修的内容，要求联系并结合本人在管理项目中的实际情况，分享自己的学习心得，并由上级主管进行评价。高潜员工培养自修项目评价表如图 2-9 所示。

培养项目		评价项		
		成绩	参与度	
			准时	深度
完成E-Learning课程学习（通过考试并提交学习心得）	《问题解决》	✔		
	《项目运作管理》	✔		
	《高效沟通技巧》		✔	✔
	《初始管理》	✔		
	《管理者的角色与挑战》	✔		
	《系统思考》		✔	✔
读书并提交读书心得	《卓有成效的管理者》《一分钟经理人》		✔	✔

● 成绩：单项低于70分将预警，平均分低于70分将不建议任命
● 深度：指是否联系工作实际、是否积极分享交流
● 参与度：有一项没有准时完成或者有两项深度不够将预警；超过两项（含）没准时完成或者超过三项（含）深度不够将不建议任命

图 2-9　高潜员工培养自修项目评价表

通过这种"线下进行管理实战操作，线上进行相关理论知识的学习，线上线下相结合"的模式，以"在行动中学习，在学习中行动"来促进高潜员工基础管理意识的培养和基础管理技能的提升，使其能够在实战中积累、在实战中成长。为通过培养以后的任命做好铺垫，也能够使高潜员工与之后可能的任命做到无缝衔接，使高潜员工平稳渡过新任初期。

2.1.4.2　项目管理关键点

做好高潜项目，有三个关键点。

一是赢得业务部门的信任和支持，高潜员工所在部门必须高度配合，给出真实的项目或者复杂任务，由高潜员工本人来管理。因为"上课式"的培养，很难达到效果。

二是充分利用高潜员工本人希望得到公司赏识的心理，把高潜培养项目塑造为一个荣誉型、福利型的项目。通过项目使所有被培养的员工能够从内部被"点燃"、渴望参与培训项目，增加项目成功的可能性。

三是高潜员工培养项目与公司内部的管理者培养项目应相互呼应、相互配合，把员工在高潜项目中的表现列为内部晋升的必要参考标准之一。只有这样，高潜员工培养才有立足之根，项目才有存在的价值和意义。

2.1.4.3　注意事项

在高潜员工的培养上，很容易陷入一个误区：很多对基层管理者的培养课程被放到对高潜员工的培养上。实际上，高潜员工大多不是管理者，并没有实际从事过管理工作，因此他们对管理技能的课程没有需求，即使学了相关管理课程，也很难匹配到自己的工作场景中。高潜员工培养和管理者培养，是两个完全不同的项目，两者差别很大。

2.1.5　内部管理者培养项目的项目管理

【任务场景】

上级："小培，公司的内部管理者培养项目，你觉得怎么设计比较好？我打算明年让你来负责。你做个方案，下周我们一起讨论一下。"

管理者的培养，尤其是适合本企业现状的内部管理者培养，是很多企业都想要持续发展和永续经营的重要支撑之一。

尽管我们说管理者有其通用素质模型和通用能力模型，但实际上，由于企业文化、企业实际经营状况、企业管理风格的不同，每家企业所重点关注的管理者的核心素质和能力也有很大差异。这也导致各企业培养管理者的模式有所不同。

不少企业的绝大部分培训预算，都花在了内部管理者培养的项目上。然而，不少企业将内部管理者培养项目做成了"大型采购会"，把市场上"新鲜"的课、"流行"的课、"热门"的课、价格合适的课都选进项目中，安排管理者分批进行学习，甚至同一层级但不同批次的管理者所学的课程都不一样。学完以后，这些管理者还要对讲师进行满意度评估，得分在某个分值以上的，做好标记，以便下次复购。而一些参训的管理者，要么应付差事，要么就是来结识朋友的。有时仅仅两天的培训，到第二天下午就开始有不少人以赶高铁、赶飞机为由提前离开了。这样的培训不仅没有价值，而且浪费企业成本。

要做好企业内部管理者培养项目，应该做些什么呢？

2.1.5.1　项目设计要点

在设计这个项目之前，我们需要了解做内部管理者培养应该注意的是什么？我们结合之前在企业里做过的这类项目的经历和做培训咨询顾问以后与同行和客户交流以后的心得，总结发现内部管理者培养主要有以下几个"痛点"。

没体系。应该先学什么课，再学什么课，后学什么课，即使把管理者分层级，也并不清楚课程之间的逻辑关系。

没课程。如今的课程都没有问题，但并不适合本企业的工作场景，设计出适合自己企业的好课并非易事。

没讲师。每次管理者培训，大多都是外聘讲师，虽然都说"外来的和尚会念经"，但是讲完课就走，解决不了实际问题，而且讲的案例缺乏针对性，总觉得跟自己的企业隔了一层。内部的讲师，因为经验和资历不够，很多人讲不了管理课；有经验、资历够的高管又太忙，抽不出时间讲课。

没评估。关于管理培训如何跟踪的问题，找不到好的落地方法，而且管理者都很忙，也很难执行项目的落地动作。

没配合。高管都忙，没有时间配合课程的实施，无论是讲课还是开发课程，都很难预约到高管。高管不配合，学员也不积极，项目就很难执行。

抛开这些"痛点"，假如我们设计一个内部管理者培养的项目，你想看到一个什么样的画面呢？或者说，达到什么程度，你才会觉得这个内部管理者培养的项目还不错？你可以写下来心中的好的内部管理者培养项目的样子。

（横线空白区域）

我们也做了一些提炼，发现大多数培训经理和即将接受训练的管理者，他们对好的内部管理者培养项目的认知几乎是一致的，如下所述。

（1）体系完整，培养的点小而聚焦，刺其"痛点"。

（2）能力养成全部有应用场景，实践促进成长，学员积极。

（3）课程适用，全部采用内部案例教学。

（4）内部案例的理论指导来源于内部最佳管理实践。

（5）高管参与，被培养者感受到来自公司的重视和期望。

面对企业的内部管理者群体，首先要考虑的是，这个群体是否有共性的需求。如果内部管理群体人数较少，那么结合组织需求和管理者的访谈，很容易就能了解他们的共性需求。可如果这个群体的人数较多，那么内部管理者培养项目如何设计呢？

内部管理者培养项目设计可以分为以下三个步骤。

1. 假设

假设有共同特征的人是有共同的培养需求的。例如，如果企业的女性管理者是有共同需求的，那么我们就可以把企业的管理者分为男性管理者和女性管理者，并以此来分析两者的不同需求。

如何进行假设，要考虑管理者的人数和具体情况。一般可以参考以下几个维度去做假设和区分。

按照从事管理的年限区分，可分为新任管理者、成熟管理者。

按照管理的层级区分，可分为高层管理者、中层管理者、基层管理者。

按照是否属于本土培养区分，可分为空降、非空降。

按照岗位职能区分，可分为研发管理者、销售管理者、售后管理者、职能管理者。

具体按照哪个维度进行假设和区分，要根据所在企业管理者的特点去设计，这些分析维度不是单一的，而是可以组合的。例如，在按照管理的层级区分的高层管理者中，既可以按照是否属于本土培养区分为空降和非空降，又可以按照性别区分为男性管理者和女性管理者。又如，如果管理者的人数足够多，按照从事管理的年限区分为新任管理者和成熟管理者之后，在具体的培训班次的安排中，又可以按岗位职能分为研发管理者、销售管理者、售后管理者、职能管理者等进行排班。

所有的这些区分维度的假设是否有意义，能否成为设计内部管理者培养项目的依据，还有赖于下一步的验证。

2. 验证

在上一步，我们假设了这些不同维度区分出来的群体在管理上有共性的需求。通过分析我们也可以进行假设验证，验证培训项目的设计是否可以按照这样的特点去设计。

如何验证我们之前的假设呢？可以通过访谈（360°）和分析，看看不同准度的群体，是否确实在管理上存在共性的要求和需求。这需要投入足够多的时间和人力，如果很难做到这么多的投入，那么还有一种便捷的做法：可以借鉴市场上专门进行管理者或者领导力培养的机构对这个群体的分析结果。当然不能照搬照抄，可以拿外部培训机构的分析结果，在内部进行有目的的验证。结合企业管理者的成熟度及自己的企业文化，一定会有一些不同的需求。

如何进行有效访谈呢？有两个关键要素：一是访谈状态，二是提问有效。我们说的访谈，是指面对面的"真访谈"，而不是用其他线上方式或手段进行的替代。因为面对面访谈有温度、能交流，并且能在互动中发现很多文字上传达不了的信息。

访谈状态是指作为访谈的发起者要有精心的准备和专业的自信，要相信自己无论有没有做过管理、有无管理经验，都可以做出好的访谈。就像很多知名的优秀主持人采访国家领导人、外国领导人，他们也没有做过政府高官，但同样做出了好的访谈。只有拥有好的访谈状态，才能感染到被访者，才能很好地控制自己访谈的节奏。

提问有效是指在访谈过程中，有明确的访谈提纲，而且所有问题之间，都有非常明确的逻辑关系。更重要的是，这些问题很容易被场景化，或者本身就是场景化的问题，能够引导被访者说出很多细节、故事、案例，从而为自己提供丰富的素材。访谈提纲既要逻辑清晰，又要简单明了（建议不超过 7 个问题），不然容易把访谈变成闲聊，同时也浪费被访者的时间。

如果做新任管理者的调研访谈，可以设计如下问题。

（1）在得知自己要做管理者之后，你是怎么想的？

（2）已经在做的管理动作是什么？与你的预期相比，效果如何？

（3）在团队管理上，最近一次让你感到无助或者困惑的事情是什么？当时的情况是怎样的？

（4）你最害怕或者担心面对的员工问题是什么？

（5）如果公司为你提供管理者培训，那么你最希望什么时候开始？

如果做所有管理者的培训需求调研，可以设计如下问题。

（1）做管理者至今，你最骄傲的事情是什么？

（2）你觉得自己的团队最令你满意的地方是什么？不满意的地方是什么？

（3）在团队管理上，最近一次让你感到无助或者困惑的事情是什么？当时的情况是怎样的？

（4）你最害怕或者担心面对的员工问题是什么？

（5）如果公司为你提供管理者培训，那么你最希望什么时候开始？

以上列举的都是核心问题，当然也可以在访谈中再加上一两个边缘问题，用于缓和气氛或者收集其他对你有帮助的信息。访谈结束之后，要"趁热打铁"，立即整理访谈纪要，提炼你需要的需求信息。最好当时整理，最晚当天整理，因为一旦时间久了就会在整理时遗漏很多信息。整理访谈纪要可以遵循"五步法"，如图 2-10 所示。

第一步，访谈时如实记录。访谈时可以只记录关键词，但如果被访者有非常明显的感情表达（如愤怒或兴奋）时，最好能把原话记下来。

第二步，列出原话，进行提炼并对比。整理访谈纪要时，既要有原话，又要对原话进行提炼，建议利用 Excel 列出两列，进行对比。

第三步，对上述访谈纪要做整合，如删减、合并、重新表述等。此时就能看出哪些是普遍的，哪些是个案的。

第四步，尝试用简短的话语概括出普遍的"痛点"。将这些"痛点"作为课程设计的参考。

第五步，给被访者发信息表示感谢。再次感谢被访者的参与和贡献，同时表示，他的反馈对内部管理者培养项目的设计有重要价值。

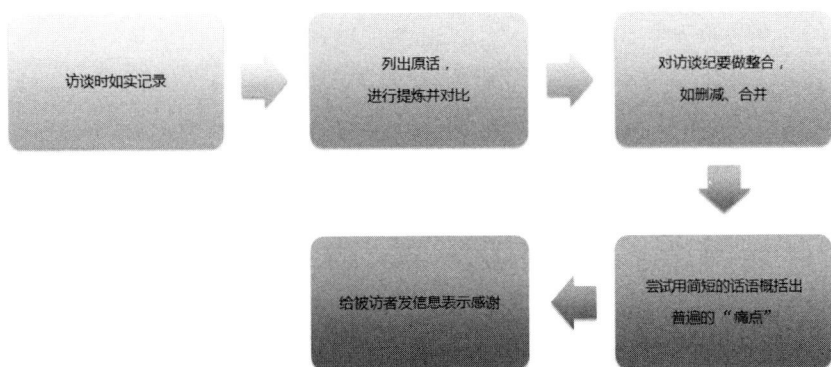

图 2-10　访谈纪要整理"五步法"

3．选择

通过假设和验证之后，对于管理者这个群体，你已经了解了其共性的特点和需求，接下来就是有针对性地设计相关的培训内容和活动。在设计内容之前，需要对这些需求进行排序，你可能面对的是 2～3 个需求，也可能是 6～8 个需求。面面俱到的做法是很难有亮点和成效的，比较切实可行的做法是对需求进行排序，先明确 1～2 个今年必须解决的需求，然后针对这 1～2 个需求重点投入资源，其他的需求可以在 2～3 年内逐步满足。那么应该如何对需求进行排序呢？

例如，通过在新任管理者群中做的调研访谈，得出了以下让他们担心的管理情境。下面的情境来源于过往我们对新任管理者访谈的样例调研和分析，鉴于篇幅原因，这里只列出前 25 个，如表 2-3 所示。

表 2-3 新任管理者"痛点"访谈展示样例

序 号	让新任管理者担心的管理情景
1	不知道管理是什么、要做什么
2	没有做管理者的足够自信、不知从哪里开始努力
3	做了管理者以后，无法处理好与之前平级同事的关系
4	做了管理者以后，不知道哪些话不该说了、哪些事不该做了
5	做了管理者以后，很多工作还是自己在做
6	经常担心下属不能把事情做好，或者担心其把事情搞砸
7	做团队里的"老好人"，享受被人喜欢的感觉
8	不会表扬人，表扬之后别人也没感觉
9	不敢批评人
10	不会批评人，批评之后很尴尬，或者没效果
11	接到上级设定的目标后，很难给自己的团队设定目标
12	给自己团队设定的目标，很难让团队成员将其作为自己的个人目标
13	团队成员开始执行任务后，不知道什么时候介入跟进
14	带领一个团队，跟大家有距离，不能建立充分的信任
15	不能发现异常员工，发现异常员工也不知道怎么处理

续表

序　　号	让新任管理者担心的管理情景
16	开会没策略，开会内容无重点
17	绩效考核面谈的时候，总是不能实现自己的预期
18	跟下属进行工作对话时，没有策略和技巧
19	团队气氛应该还能更好，但不知道如何调整
20	感觉下属遇到任何事情都来找自己
21	做了管理者以后，工作太忙，没有自己的时间
22	给下属布置的好多工作，经常不了了之，自己也时常忘记
23	工作多，时间少，没有精力处理自己的事情
24	经常有下属拖延
25	面试时不知道问些什么
26	……（未完待续）

哪个先学，哪个后学呢？对内部管理者培养来说，要想真正切中要害、猛攻"痛点"，就要坚持两个原则。

原则一，急用先学。内部管理者培养，尤其是高层以下的管理者培养，必须贴近他们的实际应用场景，找到与之相对应的典型工作任务。只有以"缺什么、补什么"的思路来构建培训课程和培养体系，才能保证培训方向来源于业务需求，才能保证培训资源的准确投入，体现人才发展对业务发展的支撑关系，使培养和应用紧密结合。管理者在不同的成长阶段，面临的困惑和挑战是不一样的，培训的内容不同，针对性也不同。因此，分阶段培养对"痛点"的触碰，要优于按胜任力模型的培养（周期太长，不适应如今瞬息万变的经营环境）。

原则二，用以致学。管理者在管理实践中，还会碰到新的问题，面对新的问题就会产生新的学习需求，这就是用以致学。此时如果能对他们进行相应的培训，就会"解渴"，满足其学习需求。因此，培训和学习之后的跟踪评估显得尤为重要。

以下是在上述原则基础上进行的内部管理者培养实践，可供大家参考。

本项目为领导力发展项目（Leadership Development Program，LDP），以管理者当下在管理实践中面临的集中问题这类实际需求为出发点，帮助管理者获得阶段性提升，完成对每一批新任管理者的"护航"。本项目一共设计了从 LDP1 到 LDP10 的十个阶段，分别针对新上任的管理者、上任一年的管理者、上任三年的管理者、中层经理级的管理者、部门总监级的管理者、高层管理者等，完整勾勒出一名新任管理者的成长轨迹。通过这种设计，清晰地告诉所有新任管理者：在你的管理成长路上，公司的呵护会与你一路相伴。LDP 分阶段设计图，如图 2-11 所示。

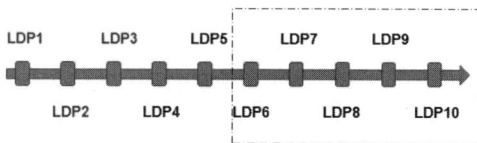

图 2-11　LDP 分阶段设计图

（LDP1、LDP2、LDP3 为新任管理者培训课程，上图虚线框内部分为高层管理者培训课程）

关键词：急用先学。

一名管理者在成长过程中，需要很多管理理论、管理技巧，怎样才能在最恰当的时候给予他们最需要的东西，真正做到以客户为中心，是需要负责相关工作的人力资源工作者认真思考的。

在 LDP 的内容设计中，我们遵循"急用先学"的原则，即在当前阶段这些处在同一个成长阶段的管理者普遍存在的困惑是什么，最需要用什么方法解决这些困惑，我们在对应的培训中，就让他们学什么。这种"普遍的困惑"，我们称之为"痛点"。在每个阶段的培训中，我们争取精准地找到两三个"痛点"，不贪大求多，只针对这两三个"痛点"安排课程，做到及时、有效、聚焦、按需供给。例如，在设计 LDP1（新任管理者第一堂面授课）的培训内容时，我们是这样安排的，如图 2-12 所示。

第一天	做强有力的管理者		管理者的角色定位	管理者禁忌的研讨	晚餐	赴任准备
第二天	走马上任	午餐	走马上任			新任交流
第三天	日常管理3件事		日常管理3件事	向后安排		

图 2-12　LDP1 课程安排

那么，如何找到这些"痛点"呢？

首先，培训部门会投入资源针对客户群进行大范围的面对面调研，深入了解我们的"客户"，了解他们在当前这个管理阶段的"痛点"，并着力收集相当一部分案例，证明这些"痛点"是否具有普遍性。以 LDP1 为例，我们通过调研了解到即将接受培训的这部分新任管理者普遍存在的"痛点"：在正式作为管理者后，没有足够的自信；不能完全把做员工的自己和做管理者的自己区分开来，不知道哪些话能说、哪些话不能说、哪些事能做、哪些事不能做；有些茫然，不知道应该做什么样的准备；不好意思表扬自己的下属，更不敢轻易批评自己的下属等。

其次，要将了解到的这些"痛点"，向公司的高级管理者进行验证。请他们根据自己在管理工作过程中的经验和周围管理者的成长历程来判断"痛点"把握得是否准确，是否可以通过培训予以解决，是否值得公司调动资源帮忙解决。得到验证的"痛点"将转化为真正的培训需求，并以此得出解决方案。

关键词：最佳管理实践传承。

"痛点"的最好解决方案就是企业内部的最佳管理实践。企业内部的最佳管理实践是企业管理智慧的结晶，是宝贵的管理财富，是管理者学习和研讨的重要对象，更是企业管理价值观传承的重要载体。能否发掘出本企业内部的最佳管理实践并进行有效传承，是企业培训工作者开发和设计内部管理者培训课程成败的关键点之一。

萃取最佳实践，并把它们融入课程中，形成基于管理者发展现状的、旨在传承最佳管理实践的 LDP 课程。这样做有两个好处：一是保证了课程形式的专业性；二是保证了课程内容的针对性，代入感极强，能够让大多数学员从课程案例中看到自己的影子。因为这些案例本身就来源于学员当前的工作场景，只是课程开发人员又对其进行了提炼、润色和加工。这也是保证课程口碑和培训效果的关键。

与此同时，我们还会邀请在这个方面堪称标杆的、负责管理不同业务的其他高层管理者旁听课程。之后，我们可以通过小范围的 TTT 课程及试讲等进行基于课程的讲师认证，这样既扩大了讲师的来源，也能选择与学员业务最贴近的课程来进行讲授，从而使课程更有针对性。同时，讲师也能分享和传递更多的最佳管理实践，丰富各个部门的案例。

通过这种模式的原创课程开发，挖掘和积累了大量的本企业内部的最佳管理实践，将优秀管理者的众多管理智慧以知识萃取的方式进行了沉淀和固化，为公司内部管理者的成长提供了"饕餮大餐"。

关键词：快速反应、持续改善。

每次面授培训，我们都会在培训结束之时或者培训间隙进行现场访谈录像，以获得学员最真实的感受与反馈。这种"现身说法"既能作为课程口碑的有效广告，又能为我们提供丰富的、难得的市场反馈。因此，我们有足够的依据对课程进行针对性的调整与完善，做到每一场培训有一个小总结，每一批培训有一个大总结。课程方法论是不变的，但是课程里的案例都是可以根据每次培训的反馈进行调整和更新的。如上文所述，针对不同业务领域的学员，课程中的案例会进行相应调整，做到更有针对性。

而对于培训运营来说，我们也要求做到持续改善，让每一场培训都有不同体验，每一批培训都有新鲜元素。对绝大多数学员来说，很容易出现审美疲劳，因为他们会经历多次面授。例如，参加 LDP2 的多数学员都参加过同一批次的 LDP1 课程，甚至一些学员都是同一个班里的。同样的道理，参加 LDP3 的多数学员都参加过同一批次的 LDP2 课程。如果在培训运营上没有变化，就会让学员感觉除课程变了之外，其他内容毫无新意，体验感也不强。本着"客户体验优先"的原则，我们不能放过任何一个运营细节的设计。

只有做到快速反应、持续改善，我们的面授培训才能有"源头活水"，在紧贴客户需求的同时永远保持活力，从而满足日益发展的企业对管理人才的持续需求。

关键词：能力稳定点。

为了更多关注学员的行为变化，我们联合 LDP 培训课程的授课讲师和课程开发经理，对培训中的每门课程所培养的管理者的能力进行了提炼，得到若干能力项。在对每个能力项的合格表现进行描述后，针对每个能力项性质的不同，邀请学员的上级或下属进行评价。管理者培训能力项测评（LDP2），如表 2-4 所示。

表 2-4　管理者培训能力项测评（LDP2）

管理者培训能力项测评（LDP2）					
参训管理者姓名					
部门					
对应课程					
能力项					
合格表现					
能力评级者					
项目得分					

通过对所得数据进行统计分析，可让所有的培训相关人员（如管理者本人、管理者的上级主管、部门分管领导等）都能清楚地看到学员接受培训后行为改变的个体情况、小部分情况与总体情况。同时，也能检测出哪些管理者在哪些能力项上的行为发生了改变，达到了合格要求，形成了能力稳定点。形成能力稳定点的能力项，说明学员在该能力项所要求的行为改变上达到了标准，也说明培训产生了效果。而那些没有形成能力稳定点的能力项，则说明学员并没有形成符合标准的行为改变。某次培训能力项测评结果统计分析如表 2-5 所示。

表 2-5　某次培训能力项测评结果统计分析

统计量

		VAR00001	VAR00002	VAR00003	VAR00004	VAR00005	VAR00006	VAR00007
N	有效	136	136	136	136	136	136	136
	缺失	0	0	0	0	0	0	0
均值		7.6140	8.9342	8.8643	8.7563	8.7842	8.8588	8.8915
中值		8.0000	9.0000	9.0000	9.0000	9.0000	9.0000	9.0000
众数		8.00	9.00	10.00	10.00	10.00	10.00	10.00
标准差		1.01647	.92492	1.08466	1.05617	1.13900	1.09600	.94903
全距		5.00	4.00	5.00	4.50	5.00	4.50	4.00

注：表中 VAR0001～VAR0007 是当期测评的 7 个能力项

关键词：锤炼计划。

对上述测评不合格的项目及明显低于平均分的项目，培训部门设计了对相应的管理者进行针对性提升的计划，在内部我们统一称为"锤炼计划"。培训部门会采取不定期的辅导和定期测评，直到这些能力项测评合格，形成能力稳定点为止。"锤炼计划"的主要内容如下。

（1）请上级管理者针对低分能力项给予相应的针对性管理实践机会，有意识地培养和提高该项能力。

（2）培训部门针对低分能力项，为相应的管理者推送学习资料，通过安排和推荐 E-Learning 课程、使用微信推送微课等方式灵活进行，以方便学习为出发点。

（3）结合业务部门的业务规划和整体培训计划，安排有低分能力项的管理者进行沙龙式交流和研讨，或者安排小班面授课程，借助讲师或者优秀管理者的力量，促进大家能力的提升。

（4）培训部门再次对低分能力项进行定期测评，直到该项能力达标，形成能力稳定点为止。

通过"锤炼计划"帮助后进，给予针对性辅导，推动管理者整体水平的提升。这样既能保证前期面授培训的效果，又能让管理者感受到公司对他们的呵护和关怀，为他们的成长和改变提供压力与动力。

关键词：大案例库。

在跟进和推动内部管理者培养项目的同时，我们还会关注管理者在实际管理工作中的具体表现，发动各级管理者的力量，推荐优秀实践案例。同时，我们负责相关工作的同事，也会通过各种渠道收集类似的案例，之后还会对相关的当事人进行采访，完成案例的编写。这些案例都是综合应用案例，即一个案例里面可能包含多个管理方法的使用。与前面提到的培训课程中的案例或者最佳管理实践不同，我们通过大案例的搜集与采写，就形成了综合应用案例库，建立了丰富的素材库。

另一方面，对收集上来的典型案例，我们会进一步开发和利用。通过拍摄短片或者对课件配音的形式，我们可以制作一份精致的资料，供大家研讨和自省。因为案例本身只有问题，没有答案，所以答案需要每位管理者通过努力自己探索。

通过这种形式，我们既能强化培训效果，关注到参训管理者的应用与实践，又能灵活利用得到的案例，为管理者的成长开辟新的路径。

2.1.5.2　项目管理关键点

要做好内部管理者培养项目的管理，必须注意以下几点。

（1）不忘初心。企业可能设计一套评估指标如关键绩效考核指标（Key Performance Indicator，KPI）来衡量内部管理者培养项目。需要特别提醒的是，指标只是对项目评估的一个参考，千万不要让这些指标成为项目的目标。例如，指标——培养对象对培训内容的满意度不低于 80 分，如果把这个指标的达成当成项目成功的评价标准，那么项目实施过程的关注点可能就不是如何提升这群人的能力，而是如何提升培训内容的满意度了。关注点如果偏离，项目的结果可能就不那么尽如人意了。同时，内部管理者培养项目要做的事情一般比较多，也比较复杂，需要投入较多的时间和精力。所以，一旦投入具体的事物中，要时常停下来回望一下项目的出发点，确保现在全身心投入的每一件事，都是为了达成项目的最初目标。

（2）关注运营。无论所属企业的规模及培训成熟度如何，在做内部管理者培养项目时，一定要把自己当成乙方，把自己的项目当成产品来运营，用"影响力"而非"行政权力"来获得学员的青睐。

（3）三维互动。这里的"三维"是指内部管理者培养过程中互动的三个维度：要与学员的上级互动，请上级关注学员的行为变化；与学员的下属互动，请下属感受并反馈学员的变化；与学员本人互动，关注学员在学习、应用过程中有什么困难、需要什么支持。

2.1.5.3　注意事项

如今，做管理培养的思路多种多样，我们自己在做项目的时候，一定要保持理智，不要眼高手低。在项目设计上，没有什么"先进"与"落后"之说，真正能帮到管理者、真正能在企业内落地的项目都是好项目。

培训经理往往会有很多机会接触到各种各样的先进理念和模式，我们可以兼收并蓄，但千万不能因为自己学到了很多新的东西，就执着于新理念、新模式，而忽略了企业和管理者的真实需求。

2.1.6　外派培训的运营管理

【任务场景】

上级："小培，调查一下外面有什么好的进修课，董事长上次说要派高管出去学习。你先梳理一下，再向我汇报。"

外派培训的任务，顾名思义就是公司选拔一部分人，安排他们出去培训学习，使他们掌握一定的方法和技能。外派费用往往按人收费，成本较高，所以大多会安排给特殊岗位的人。

2.1.6.1　课程选择

选择什么课程，取决于学员类型。哪怕是同一主题的培训，对于不同层级的听课对象，选择的课程也是不一样的。例如创新课程，针对中高层和基层侧重的点就是不一样的。所以，在选择课程之前，首先需要明确——未来会针对哪些岗位进行哪方面的培训，这就是年度需求调研。

通过年度需求调研，可以得出年度的培训规划，有些主题安排内训课更合适，有些主题安排公开课更合适。选择内训课还是公开课，取决于人数，"人数×公开课费用"的结果接近内训课的费用时，安排内训课会更合适一些。

例如，很多外部培训公司都提供《管理者角色转变》的课程，新任的基层管理者和新任的高层管理者虽然都是管理者，但他们所面对的转变是不一样的。所以，在安排外派培训之前，就要了解清楚，对于这个主题公司内部同事的需求是什么、关注的是哪些方面，外部公司能够提供的内容侧重什么，需求与内容是否匹配等。

另外，有一些专业性比较强的培训或者论坛，如财务方面的、产品方面的，对于供应商的考察，主要依靠提出需求的业务部门，但作为外派培训负责人，还是要从培训的专业角度对其进行了解和考察。

2.1.6.2　外派培训的管理

外派管理，关于管什么、为谁提供培训、满意度如何、提供多少人次的培训等问题，每家企业都有自己的侧重点，但总体上遵循一个原则，就是把有效的资源投入到最迫切需要提升的地方。

当外派的资源有限而不能满足所有外派需求时（这是常态），如何分配资源，取决于对公司战略和业务的理解。

从价值最大化的角度考虑，在外派管理上要做好两件事情：一是知识、理念及工具在内部的快速复制和传递；二是被培养的人才如何长期保有。这两个问题都可以依托外派管理制度设计相关的流程来解决，如在外派学习后的一周内，必须提交学习心得分享，或者准备相应的内部分享 PPT。而只有在进行内部分享之后，才能核销相关的外派费用。同时，根据外派学习的费用额度，进行外派人员服务期的约定，如参加了公司的 10000 元的某课程的外派培训，从培训结束之日起，要保证在公司服务满 6 个月，如未满 6 个月提出离职，要退回相应比例的培训费用。

2.1.6.3　注意事项

不要让外派培训流于形式，变为奖励员工的"鸡肋"。现在有些公司确实是把外派培训当作给员工的奖励，或许对于一部分人来说是有激励作用的，但从长久看，效果一定会大打折扣。首先，为员工提供必要的培训，使其适应工作需要，这是组织应该提供的；其次，如果员工并不需要这种奖励，那么这种奖励就会变成一种负担，培训也会失去意义而难以达到预期的效果。

2.1.7　供应商的选择与管理

外部供应商不仅是我们做好培训项目的必要补充，也是我们的学习对象、信息来源。因此，作为培训经理，应该建立自己的培训服务供应商大库，如图 2-13 所示。这个大库由若干小库构成，包括场地供应商库、咨询项目供应商库、课程师资供应商库、户外拓展供应商库、线上平台供应商库、培训道具供应商库。

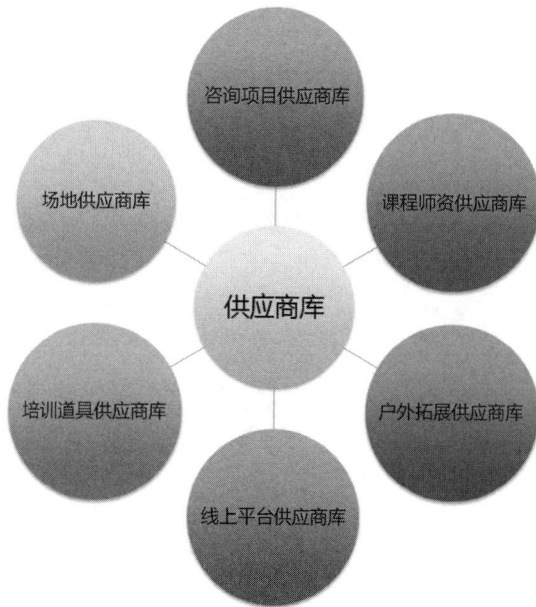

图 2-13　培训服务供应商大库

2.1.7.1　供应商的选择

选择供应商，供应商规模的大小不是重点，重点是要关注其在某些专业方面的实力和能够为企业提供的服务。我们曾经与大的供应商有过合作，也与只有

2～3个人的小供应商有过合作。如果是采购专业性比较强的产品和服务，建议选择资历比较深的供应商，他们服务过的供应商和行业比较多，经验也比较丰富。

如果是通用的产品和服务，就选择与性价比最高的供应商合作。此时资历深的大的供应商反而不是最佳选择，由于他们能够灵活变通的地方可能比较少，因此合作沟通起来也就比较困难。

供应商的选择有"三多"原则，如图2-14所示。

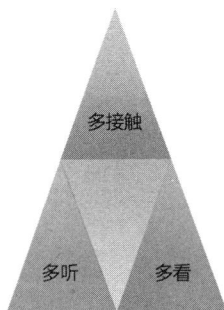

图 2-14　培训供应商选择的"三多"原则

1. 多接触

不论今年是否会与对方合作，你都要与对方多接触，为彼此创造接触和了解的机会，请对方介绍自己的一些优势，让他们了解你目前关注的重点。因为彼此都是对方的资源和渠道，或许通过他的介绍，能让你获得更多资源或可能性。

2. 多听

多听对方做过的项目和案例。在可能的情况下，听一听他们服务过的客户的反馈，了解一下其他企业是如何评价和反馈他们的产品和服务的。在对方允许的情况下最好争取听半天他们主推的公开课，或者其他企业的内训课。目前市场上的培训公司很多，但每家公司侧重或擅长的方面各不相同。所以，需要通过听课和对培训公司的了解，以及同行的反馈，全面了解培训公司的基本情况。

3. 多看

多看供应商每一次与你互动过程中的表现，如对方如何介绍自己公司、如何评价同行、他的言行与他承诺的内容是否一致等。我们曾经遇到过这样的供应商：为了保证第二天的培训效果，提前来帮我们布置培训教室直到晚上 8 点多。我们也遇到过这样的供应商：承诺可以提供报告，最后以各种理由证明不能提供。所以，在正式合作之前，适当提一些小要求，观察一下对方的反应和行为。这样就能大致判断如果正式合作，可能存在的风险，以便提前做好防范。

2.1.7.2　课程和师资的选择

供应商的选择最核心的是课程师资的选择，在多数情况下这也是供应商的核心资源。那么，在课程和师资方面，应该如何选择呢？

一般培训经理都会让供应商提供课程和讲师的三大件：课程大纲、讲师介绍、授课视频。这对选择供应商一定有帮助吗？不一定。要求提供课程大纲和讲师介绍，还可以说是必要之举，但是要供应商提供授课视频就值得商榷了，这完全是一个负分的行动，原因主要有以下两点。

一是一般的机构和讲师，不愿意提供授课视频，甚至很多机构明确拒绝提供讲师的授课视频。在大部分情况下，如果不是为包装讲师而特意拍摄制作的视频，而是讲师上课期间录的小段视频，那么效果一般都不会太好。因为现场没有经过收音处理，所以录制的视频一般都有杂音。由于讲师不是段子手，因此很难保证能从截取的两三分钟的视频中看出讲师的真实水平。所以，在大部分情况下，讲师的视频会影响我们对这个讲师及其课程的判断，从而错过好讲师、好课程。

二是即使视频中的授课片段让你觉得不错，也并不意味着适合自己企业的学员。一次培训课程的成功与否，固然与讲师在课堂上的呈现方式有很大关系，但同样也会受其他因素的影响。例如，讲师是否在线下提前充分了解了学员的需求、组织者的组织是否得当、培训的时间安排是否合适及培训的场地是否符合要求等。

可能有人会问：不看授课视频，那我要怎样了解讲师的授课风格呢？其实，有两种方式比看授课视频更精准、高效。第一种方式是直接和讲师约电话会议或者视频会议。这种方式有两个好处：第一就是能够直观感受讲师的授课风格、语言风格、说话方式、专业形象及亲和力程度；第二是通过交流和讲师对企业所提需求的反应，判断他是否有足够的经验，是否愿意为培训课程付出额外的精力来保障培训效果。第二种方式是请讲师介绍其服务过的客户中的一两位负责人，通过与他们沟通，了解讲师课程的效果及其他信息，从直接客户那里获得的一手信息会更加真实。

在选择讲师的过程中，是否需要讲师有行业经验呢？对于这个问题要一分为二看待。行业经验分两类：一类是讲师是这个行业出身的，另一类是讲师在这个行业里有工作经验。对单纯的管理培训课程而言，讲师有行业经验不是必要条件。因为即便讲师有所谓的"行业经验"，也只是表明他为这个行业的某家企业的某些管理者讲过课而已，并不代表他深入了解这个行业。管理课程大多是通用课程，所以不要用行业经验来限制自己选讲师的思路。但是，对于咨询项目中咨询顾问的选择来说，是否拥有行业经验，应该成为一个重要的判断标准；对于销售技巧、营销策划、运营等培训来说，讲师有行业经验，应该是必备条件。

对企业来说，一定要选择在成为职业讲师之前就已经在企业里面有长期工作经历的讲师。因为他们对企业内部的运营模式和职场都有直接的了解，所以他们更能从学员的角度考虑问题，更能理解学员的需求。

2.1.7.3　供应商的管理注意事项

供应商管理对企业培训很重要，供应商的管理需要注意以下几点。

（1）善待和尊重每一个供应商。供应商是"商"，他们需要生意机会、想要赚钱都无可厚非。如果你真给了对方赚钱的机会，那么说不定对方也能够帮到你。所以，对每一个供应商都应该保留善意，或许他会在某个关键时刻帮你一把。

（2）不定期约见核心供应商。核心供应商主要是指咨询项目供应商、课程师资供应商、户外拓展供应商。保持一定的约见频率，一方面可以通过他们了解一些前沿理念、先进模式，另一方面与他们保持一定的熟悉程度既方便将来选择供应商，又不受一家供应商制约。

（3）制定供应商准入机制，建立白名单。准入机制有两种：一种是严格的资格审查，符合资格要求的供应商可以进入白名单；另一种是形成事实的合作，通过合作来甄别，合作愉快的供应商可以进入白名单。

2.2 培训经理其他隐性能力的成长

对自己有要求的培训经理，一定会在日常反复的工作中做出亮眼的成绩，精益求精。他们希望把事情做到极致，并在日积月累中看到自己的成长和变化，这就是"岁岁年年人不同"。

2.2.1 专业能力成长路径

在专业能力的成长上，培训经理大多都会经历这样的成长路径。

完成本书第 1 章 1.3 "新任'小白'培训经理的基础工作"中的八个方面的积累，一个培训"小白"才算真正入了门。入门需要 1～3 年的时间。如果超过 3 年你还没完成入门，就要好好反思自己的工作状态了。这些简单、琐碎的内容是培训经理的基本功，就像"贯口"是相声演员的基本功一样。没有基本功，就没有发展的土壤，基本功越扎实，往后走得越踏实。

第 2 章 2.1 "培训经理要面对的典型项目"里的七节，就是培训经理的"打怪升级"。完成这七个方面的积累，就能成为一个合格的培训经理，完成这个升级需要经历 3～5 年。也就是说，从"小白"入门到成为合格的培训经理，大约有 5～7 年的路要走。每一个想在培训岗位上做到"专、精、深"的伙伴，都要有这样的心理预期，要有节奏地给自己 7 年时间来历练，要不急不躁、稳扎稳打。

同时，在这 7 年里，你还需要关注和历练其他一些知识和技能，把自己武装起来，这样就会在培训经理的岗位上更加得心应手。接下来的内容，我们主要介绍武装自己的"其他的一些知识和技能"。

2.2.2 培训内容搭建的底层逻辑

我们要介绍的不是某门课程的内容开发应该遵循的逻辑，这里说的培训内容，是指培训项目里的内容、一期培训里的内容。不论是 3～5 个月，还是 3～5 天，应该如何安排不同的内容，我们关注的不是内容之间的逻辑关联，而是基于人性的底层逻辑。内容搭建的三种底层逻辑如图 2-15 所示。

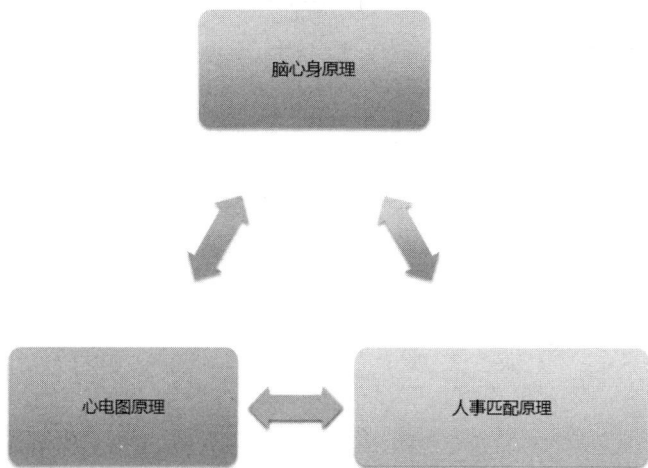

图 2-15　内容搭建的三种底层逻辑

（1）脑心身原理，是指培训内容的搭建要做到对脑、心、身的全方位刺激。对脑的刺激，就是学到新知识、新技能，同时还包括对旧知识的激活；对心的刺激，就是迸发出能量、感受到温度、有情感的流淌、有情绪的收放；对身的刺激，就是要动起来，制造身体的接触，偶尔挑战一下身体的极限。一项好的培训内容的安排，就是要做到全方位、多侧面的刺激，既能让学员很好地吸收学习的内容，又能让他们对培训和学习过程印象深刻。某培训项目脑心身全方位刺激设计如图2-16所示。

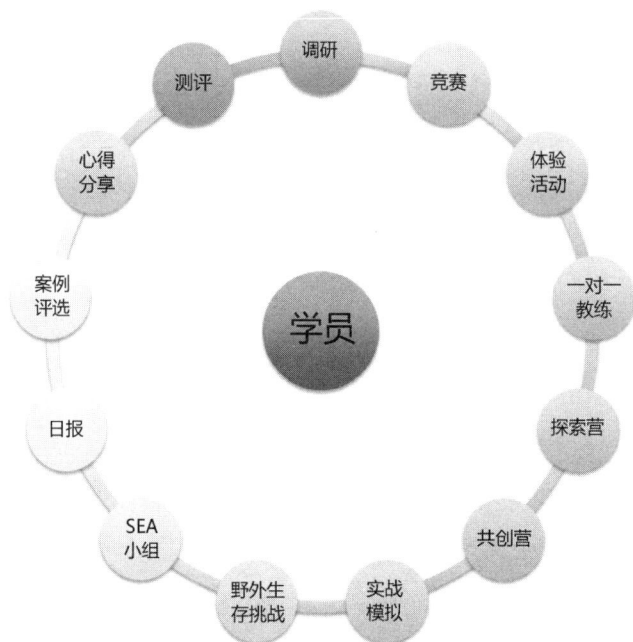

图 2-16　某培训项目脑心身全方位刺激设计

（2）心电图原理。说到心电图，可能你脑海中会马上浮现出一条波动的线，波峰、波谷交替出现，如图2-17所示。其实在我们培训和学习过程中，学员的心流、能量流也要符合这个规律。单一的、平稳的声音成不了音乐，只有跳动的音符才能组成华美的乐章。因此，我们搭建的培训内容，要在能量流动上有起有伏，这样学员才能有"美妙"的感受。如果一直是波谷，学员很快就会走神儿、开小差；如果一直是波峰，学员很快就会筋疲力尽。在不同的环节采用不同的强度进行刺激，有收有放、张弛有度，学习起来才更轻松愉快。

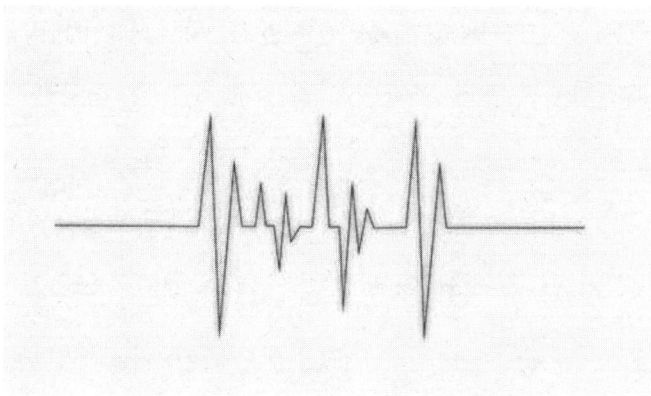

图 2-17　心电图

（3）人事匹配原理。在培训内容的搭建上，不能连续都是关于"人"的话题，也不能连续都是关于"事"的话题，要"人""事"兼备、"人""事"转换。这样既能保持学习的新鲜度，避免审美疲劳，也能转换思考的维度，避免大脑僵化。

了解了内容搭建的底层逻辑后，培训经理就会更清楚培训内容的安排是否需要调整、哪里需要调整。

2.2.3　培训岗位的向上管理

首先，培训岗位更多时候发挥的是非职权影响力，而不是职权影响力。在大多的工作场景中，你服务和沟通的对象，都是级别比你高的管理者或者是兄弟部门的管理者。即便沟通的对象不是这些管理者，而是普通员工，那他们也不是你的下属。

其次，很多培训项目，无论是项目需求的确定，还是项目的内容交付，包括后续的跟踪辅导，都必须让公司的高管参与进来，如请高管作为内训师来讲课。培训经理要敢于跟高管沟通，敢于向他们传递价值，要能够影响、激发、带动他们。

鉴于以上两个原因，每个培训经理都必须锻炼出一种非常强的向上管理的能力，具备向上管理的技巧。这应该是一个优秀培训经理的必备能力。

向上管理是为了更好地达成工作目标，是与上级之间形成良性互动的过程。切忌在一开始就抱着要去改变上级的心态，要在互动中去改变对方。培训经理做的大多是费心、耗力、花钱的事，短时间或者外行人是很难看到产出的，此时获得上级的理解和支持就更为重要了，这关乎着你的工作成果是否被认可。

要做好向上管理，有几点需要注意。向上管理"五件宝"如图 2-18 所示。

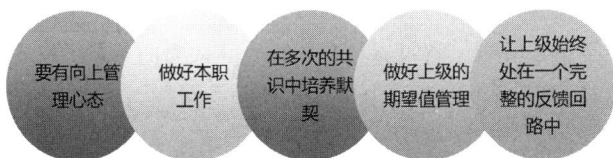

图 2-18　向上管理"五件宝"

（1）要有向上管理心态。向上管理就是要与上级保持持续对话，在目标、要求、想法、进展情况、如何评估等方面不断进行信息交换，确保信息一致。

（2）做好本职工作。做好向上管理的基本前提是做好本职工作，连本职工作都无法做好的下属是很难得到上级赏识的。作为一名合格的培训经理，一定要清楚自己的工作目标、范围和内容等关键要素。做好本职工作，才能对相关领域的工作有深度思考。带着思考与上级交流，才能让上级愿意与你交流并且觉得与你交流是有价值的，这其实就是专业自信。

（3）在多次的共识中培养默契。作为下属，应不断了解上级的工作风格、沟通方式、积极配合上级完成部门的任务和目标。每个人的性格和工作风格都不尽相同，要想把事做好，就必须学会针对不同的人匹配不同的方式。尽量用上级喜欢的方式与其共事，这绝不是投其所好，而是通过有效向上管理，与上级达成共识。通过不断达成共识，培养你和上级之间的默契，会让你的向上管理更加得心应手。

（4）做好上级的期望值管理。在工作中，要了解上级的期望值并管理好他的期望值。例如，策划一场高投入的培训，培训经理首先要给上级"号号脉"：你的认知是否与上级的认知有差距、上级眼中的工作重点是什么、上级的顾虑有哪些、上级对本次培训的期望值是什么等。如果上级期望值过高，培训经理要适当地影响他的期望值，降低上级在此事上的期待。无论如何，只有把握了上级的期望值，培训经理才可以有的放矢。当目标足够清晰，过程足够努力，离达成就不远了。

（5）让上级始终处在一个完整的反馈回路中。也就是说，关键的里程碑、项目节点，一定要及时反馈给你要管理的对方——自己的上级、学员的上级、参与项目的公司高管等。例如，阶段性成果的反馈、行进中意见的征询、意外情况或疑惑、相关方案的选择等。总而言之，要让对方感觉项目所有进度都在他的掌控之中，而实际上由你在掌控。

我们来看下面这个来自我们的亲密伙伴辛欣女士的案例。

在向上级直接汇报的那几年，我受益匪浅。每周定期的一对一谈话，是我最为珍惜的学习和自我成长时间。向有经验的经理人近距离做工作汇报，非常锻炼人。对方轻描淡写的几句话，或是随口而出的几个问题，都能给我带来很多启发和思考，让我逐渐学会用更宽的视角去观察事物、解决难题。

至今我还清楚记得，为了与上级顺利对话，我在每次一对一谈话之前都要精心做一番准备。

（1）工作成果的展示：做得好的部分和还需要提升及改进的部分。

（2）遇到的困难：困难的关键点是什么、为解决这个困难我的思考和建议有哪些。

（3）需要的支持：争取来自老板的支持，再争取来自跨部门协作的支持。

在准备的过程中，还要考虑如何在短短的 30 分钟内避免太多赘述，应简明扼要地摘取重点信息。

在汇报过程中，将能够辅助说明的补充内容提前准备好。例如，某组织架构图、人员结构分布、数据信息等，最好提前准备并打开，避免因临时查找而耽误时间。

谈话结束后，将谈话内容做好整理。有必要的话，可以补一份会谈纪要交给上级，明确重点谈及的几个事项、后期跟进的要点、时间轴等。

我特别珍惜和上级一对一谈话的机会，有些不方便在大会上分享的信息可以利用这个机会及时沟通。在这里，不仅要让上级了解你做了哪些工作，还要获取更大的支持。在职场中，你需要的支持不仅是精神层面的"我挺你"，还有预算的支持、人力的支持、资源的支持等。需要注意的是，虽然是"小会"形式，但尽量不要在这里谈论其他同事，更不要频繁地去邀功请赏，要如实地汇报工作，客观地阐述观点。一定不要认为上级"没看到""没想到"，他们有自己的判断。我们能想到的，他们大多都会想到；我们想不到的，他们也会想到。

2.2.4 课程开发积累

有人认为，培训经理不一定都要会开发课程。但在我看来，在培训这个专业能力成长路径上，课程开发是优秀培训经理必须具备的专业技能。

我见过讲课很棒，但不具备开发课程能力的讲师。他们站在讲台上绘声绘色地传达着课程内容的精髓。然而，私下里他们也会感慨："如果课程是我自己开发的就好了，感觉老是在讲别人的东西……"同样地，很多培训经理在面试的过程中，在与面试官讨论具体培训业务时，也经常会被问："你会开发课程吗？"为什么大多数面试官都会问这个问题呢？因为对企业来说，他们更希望能够招到一位技能完善的培训经理。如果一位培训经理只会做培训管理，或者只能讲课，那就意味着组织内部的课程开发会是短板，多数需求只能通过外部采购来实现。

课程开发并不难，你可以花些时间系统地学习一下教学系统设计（Instructional System Design， ISD）、ADDIE（Analysis，分析；Design，设计；Develop，开发；Implement，实施；Evaluate，评价）、6D 课程开发[①]，以及本书下文提到的"SO

---

① "6D 法则"是美国 6D 公司开发的版权课程，也是一项高效学习项目设计的方法，它提供了一套完整、系统的学习发展设计流程，具体包括 6 个步骤，分别是 D1-界定业务收益、D2-设计完整体验、D3-引导学以致用、D4-推动学习转化、D5-实施绩效支持、D6-评估学习结果。

模式敏捷课程开发"等，这些都是经典实用的课程开发模型。我们重点说一下如何培养自己课程开发的敏感度和习惯。

首先，自己平时要养成积累素材的好习惯。多积累一些培训课程开发所需的图片、名言、案例、视频、经典理论模型、生活中偶遇的小例子等素材，形成自己的素材库。

其次，锻炼自己做总结提炼的能力。即能够从琐碎的事情中厘清思路，能够从繁杂的描述中提炼出观点和立场，能够对零散的信息进行有效分类。

最后，多看多学经典的理论和书籍。例如，有关教学设计原理方面的书、有关脑科学和认知神经学方面的书、有关心理学和潜意识方面的书。这里要提醒大家的是，不要过于追求热点和新鲜，要多研究经典作品。

本书前面所讲的入门阶段，培训经理可以不用考虑课程开发方面的问题，但是从升级阶段开始，利用自己设计和管理培训项目的机会，培训经理就要开始锻炼自己课程开发的能力了。我建议培训经理可以根据自己每年所重点关注的培训项目，为自己制定课程开发的主题方向。每年保持 3 门课程开发的产出，这 3 门课程一定要有听众、经过验证且根据听众反馈做过迭代，才算有效产出。这样，3～5 年就能积累 10～15 门课程的开发经验。如果能够真正做到持续精进的话，那么你的课程开发能力一定会有大幅度提升。

在课程开发的过程中，经验萃取是必备技能之一，我们可以学习各种经验萃取的课程和技术。在我多年的培训管理和课程开发的职业生涯中，我也总结和提炼了很多实用的方法，在这里分享给大家。我把它称为"政哥四步法"。

第一步，做细分、分小类。即对需要研究和萃取经验的领域进行分类，并进行细分。例如，如果把一个人力资源经理的经验进行萃取并开发为课程，那么可以先把他的经验领域细分为薪酬绩效管理、劳动关系管理、招聘面试管理、干部筛选等。这是分大类，在这些大类里怎样把经验更具象呢？我们可以试着再做以下细分。

（1）如何通过与高管对话影响他，使其支持你的人力资源决策？

（2）如何通过与董事长对话赢得董事长对人力资源工作的信任？

（3）如何开展集团式的人力资源管理工作？

（4）如何吸引高层次人才（规模化企业的人才引进策略）？

（5）如何给规模化企业设计覆盖多层次、多工种的薪酬绩效体系？

（6）如何保有核心员工？

（7）如何管理员工的入职和离职？

······

以上这些就是更加具体的细分了，这种细分让经验萃取有了立足之地。

第二步，绘场景、挖"痛点"。例如，上面细分的"如何通过与董事长对话赢得董事长对人力资源工作的信任"这个话题，就可以有针对性地描绘人力资源经理在面对高管或老板时会有的那些让人印象深刻的场景。例如，作为培训经理的你一到老板办公室就紧张，因为老板经常在你汇报工作的时候跟你拍桌子，或者粗暴地打断你，问自己关心的问题，这完全打乱了你的汇报节奏和思路······这些生动的场景描绘出来就是案例，代入感极强。

第三步，讲经验、给方法。这一步其实就是解决上述"痛点"的。做得很好的那个人，他的心路历程是怎样的？他是怎样克服和应对并最后一步步做好的？他一定是有方法和步骤的，这些方法和步骤可以用讲故事的形式一一列举出来，了解当他碰到这种情况时，他是怎样做的，相当于做他的"录像回放"。

第四步，提论点、造模型。第三步里面的方法和步骤，可能无法让人耳目一新，也无法让人印象深刻，所以我们回头再看看这些"点"，能不能将其提炼得更加精准和有趣、让人印象深刻呢？例如，我们可以总结为"搞定董事长的一招三式""赢得高管信任的汇报九剑"等。

按照这四步，我们就能把最佳实践从头脑中萃取出来并写到课件里，这样既能成为一门接地气的、符合企业实际的实操课程，也能显示培训工作者的专业性。

2.2.5　授课呈现积累

培训经理可以不喜欢讲课，但不能不会讲课；培训经理不仅要会讲课，还要能把课讲好。

最好的学习讲课的方法就是模仿。一开始没有授课基础的话，要先向好的讲师学习、观摩其课程，先模仿他怎样讲课、如何互动、举什么例子。模仿成功之后才是创新，才能加入自己的特色和理解，慢慢形成自己的授课风格。

关于呈现技巧，在 TTT 课程中有很多。在这里给大家分享几个在 TTT 课程中不容易听到的经验。

1. 好的培训讲师的关键素质

要想成为一个好的培训讲师，首先我们需要知道一个好的培训讲师应该具备怎样的素质。经过长时间的观察、学习、比较，我认为一个好的培训讲师应该具备以下三点关键素质。

（1）专业，但不晦涩。一个好的培训讲师在自己讲课的领域有过真正深入的研究和实践，是相关领域的专家。他了解该领域的知识和理论体系，能够清晰地指出在落地实践中存在的"坑"，这是他的专业的体现。同时，他没有因为专业而显得高高在上，他传递课程内容的方式，是学员非常容易理解和接受的。

（2）舒服，但不讨好。一个好的培训讲师的课程场域是轻松而又紧张的，学员在心情上是轻松的，在态度上是紧张的。他跟学员之间的关系更像朋友，他能够理解和尊重学员。然而，他又不会为了让学员感觉舒服而刻意讨好学员，这种讨好如没有给出自己的态度和权威论断、对学员只说好听的话、无底线地包容学员、从不批评学员等。他会在某些观点上鲜明地表达立场，他还会在某些时候用情绪或用严厉的批评唤醒学员，他又总能适时地把自己和大家的情绪收回来。

（3）讲到，就要做到。这是对好的培训讲师最基本的要求，那就是"教我所做，做我所教"。培训讲师本人应该是自己所教授内容的忠实实践者，而且还必须是优秀的实践者。如果讲师教给别人的东西，自己都做不到，那么他又怎么能保证让学员都能学会而且做到呢？讲师讲教练课，就要先问问自己有没有教练状态；讲师讲场域课，就要先问问自己在团队中打造出了怎样的场域；讲师讲时间管理课，就要先问问自己是不是一个时间管理的高手；讲师讲职业规划课，就要先问问自己目前的职业发展足以让自己骄傲吗；讲师讲销售技能课，就要先问问自己做出了怎样的业绩、搞定了怎样的客户……

2．说课的 3W2H 模型

培训经理要有在短时间甚至极短时间内把事情说清楚的能力。具体到课程上，就是在短时间内让学员在不听课的情况下简单了解讲师所讲课程的能力，即"说课"。说课可以用采用"3W2H"模型，如图 2-19 所示。

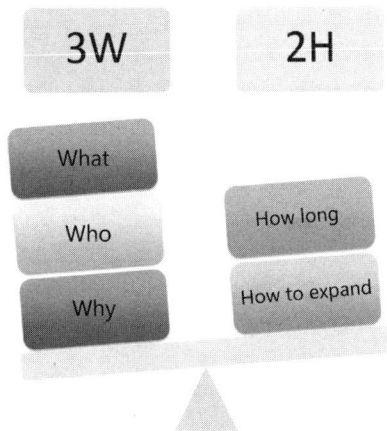

图 2-19　"3W2H"说课模型

（1）What——课程名称。说课开始时，要用一句话介绍课程的名称，这和自我介绍是一样的。

（2）Who——学员对象。在介绍完课程名称后，紧接着就要介绍这门课程针对的学员对象。这个信息很重要，相当于给听众做了"定向"，使他们能够代入学员对象的身份来听接下来的说课内容。

（3）Why——课程目标。这里要介绍这门课程的设置目标，即课程能够解决学员的哪些"痛点"，还要介绍学员学完这门课程之后能做什么，这就是行为性目标的介绍。

（4）How long——课程时长。可以以这样的句式来完成本环节："为了实现×××目标，本门课程设计时长为 6 小时，也就是一天的时间。"

（5）How to expand——怎么展开。这是对课程设计的介绍，可以参考以下模式。课程一共分为三部分：第一部分，我们会通过一个游戏和一个现场测评引出什么是团队的场域及场域是如何影响团队绩效的，预计用时 1 小时；第二部分，我们会通过案例分享和研讨的形式，教会大家如何通过八项行为在自己的团队中打造健康的场域、提升团队的整体绩效表现，预计用时 3 小时；第三部分，我们会跟大家分享其他可以应用场域思维来处理的场景，有助于学员融会贯通，预计用时 2 小时。课程的最后，我们还会通过一个现场行为心理测评结束整门课程。

我认为，思路清晰、语言干净有力地完成说课是一项比讲课更难的能力。

3. 怎样才能掌控课堂

掌控课堂的核心技巧只有一个：你的课程内容非常出色。当然，TTT 课程里会讲很多控场技巧，在这里我们再同大家分享一些自己的经验和心得，并把它总结为"四善之宝"。

（1）善用竞争。我们要在课堂上轻松地营造竞争氛围，以下这些小措施可以帮到我们：分组学习、小组互评、低通过率、小型奖品、制造意外。分组要出其不意，这样能更容易让学员进入课堂节奏。怎样才能出其不意呢？我们之前设计过一种分组方式，就是提前在每把椅子的底下贴好分组数字，如 1、2、3、4、5、6 这六个数字，每个数字的数量几乎一样。学员进场可以随意落座，助教或讲师宣布分组规则后，学员可以查看自己椅子上的数字，数字相同者分为一组，这就充满了神秘和意外。当然，还有很多其他方法，如抽牌（同一个花色为一组）、微信抢红包（按顺序编组）等。在学习的过程中，小组之间可以阶段性互评。当被别人评价时，大家通常都会关心自己的表现，这种小组互评可以促使学员互相督促，形成自驱。同时，我们还可以在课程中设计一些低通过率的活动，甚至将整门课程的通过率设计得都很低。例如，只有10%的学员能够通过综合考核，而且只有本期合格的学员才能参加下一期的培训学习。有时通过率越低，越能激发学员的学习热情。除此之外，我们还可以在课堂上准备一些奖品，如巧克力、果冻、特色的书签等，及时奖励、马上兑现，也能让学员的精神一直处于紧张和兴奋的状态。如果我们能在课堂上刻意制造一些意外，总是不按套路出牌，更能激发学员的学习兴趣。

（2）善设"心锚"。何为心锚？人的某种心情与某种动作或表情的连接，而产生的条件反射，这就是心锚。例如，你曾在某一个遭遇挫折的晚上听过某首歌后心情转好，继续充满力量迎接新的一天，以后只要再听到这首歌，便会自然地想起那个夜晚并充满力量。我们可以通过动作引导、语言暗示为学员设置心锚。例如，你可以说："从我喊'开始'之后，大家全部变成一个身份——记者；每次当我高举右手喊'hello'时，你们要同样高举右手回应我一句'hello'并立即安静下来；所有你希望你的团队成员做到的，在今天培训的现场，你首先应该做到；每当你站起来分享自己的观点时，你要充满自信并且逻辑清晰，与此同时你会赢得更多人对你的信任……"

（3）善碰"硬茬"。刚开始上台讲课的时候，很怕碰到"硬茬"，也怕被人挑战，经过7～10年的历练后，如今即便碰到"硬茬"，也会游刃有余。对付他们，总结起来有"三大招儿"。首先，不要闪躲，要敢于正面面对。要从心理认同这样的学员存在，这种情况最正常不过了，不用担心自己解决不了。其次，主动交流。

当发现课堂上有这样的学员存在后，要利用课间休息等时间主动与他交流，了解他关心或正在思考什么。对于这类学员，你越躲，他反而越嚣张，你越是主动，他反而会被你感染。最后，分派任务。要找机会让他参与到课程的重要角色中来，如请他当组长、请他收集信息、请他监督任务完成情况、请他协助巡场等，他会在执行任务中不知不觉地成为带动者。

（4）善找"台阶"。课讲得越多，你会发现不懂的越多。所以，如果真的出现了自己不知道的内容，就要坦诚地说"这个领域我确实没有关注到，目前还是盲区"，做到"不懂的坚决不说"；如果出现自己搞错了的情况，无论是学员发现的还是自己发现的，都要敢于及时承认错误。我们在课堂上要有"不争输赢"的心态，尤其是在与学员交流的时候，不能变成有输赢的比赛，即使你利用讲师的优势地位赢了学员，你还是会输掉整门课程。

一旦掌握了"四善"，你就会发现课堂现场就像你的"五指山"，随心所欲而不逾矩。

4．做一个随时可以脱稿讲课的培训讲师

讲师对课程到底了解到什么程度、你到底是不是一个专业的培训讲师，脱稿讲课绝对是一个极有判断价值的标准。我认为脱稿讲课是一个培训讲师授课能力积累到一定程度的标志。培训讲师不仅要能脱稿，还要培养自己对时间的敏感度，在不看表、没有 PPT 的情况下，也能知道此时是不是该休息了。脱稿讲课还有另一个好处：学员听课更投入，他需要一直跟随你，否则很容易掉队。相较于脱稿讲课，学员在看屏幕上的 PPT 时更容易走神。敢于脱稿，就要求你必须有自己的"拳头"产品——有 1～2 门自己的核心课程。在你们公司甚至未来在行业内，一提到某个主题的培训，大家首先想到的就是你的课程，培训讲师必须给自己打上这样的标签。

3

爆发期

3.1　培训经理的厚积薄发

经历了蛰伏期和成长期，一个优秀的培训经理应该在接下来的 2～3 年里关注个人能力的修炼，努力从优秀走向卓越。

3.1.1　享受讲课

当一个人全身心投入一项工作时，他便自带能量，就像发光体一样，照亮了每个场域。

享受讲课的状态就是"发光"的状态。很多培训经理无论课下如何疲惫不堪，上了讲台都会一样热血沸腾，仍旧可以精神饱满地与学员一起分享和互动，丝毫不会松懈，这就是"发光"的状态。而有一些培训经理仅仅把讲课当作任务来完成，没有全身心投入并享受这个过程，其实这样反而会更累。如果连讲师都无法享受讲课的状态，那么又如何要求学员倾情投入呢？

享受讲课这个状态也是检验讲师是否热爱这个职业的重要指标。即便做了高级别的管理者，能够时常讲课，也是好事。因为只有靠近学员，才能接近需求，避免在专业能力上掉队。在享受讲课后，你在课堂上便不再受规则的束缚，而开始成为规则的制定者。很多培训经理到了这个阶段，会结合培训项目、课程内容设计很多培训活动和体验游戏，做到让学员也享受你的讲课。在课程中使用活动、游戏，培训经理务必要做到以下三点，否则学员将很难融入活动和游戏。

第一，在活动或游戏前，要做好铺垫，自然引出来要做的活动或游戏，而不是生硬地插一个活动或游戏进来。

第二，在活动或游戏中，要把规则介绍清楚，简单明确，毫无疑问，而且过程中有监控。介绍活动或游戏规则是一门学问，要有明确的仪式感，可以按照介绍活动的"五定"模型来介绍，如图3-1所示。

图3-1　介绍活动的"五定"模型

一定名称。

接下来我们要做的这个活动叫作七巧板。

二定性质。

这是一个关于团队合作的活动。

三定状态。

请大家按照我摆放好的座位自行选择入座。坐好之后，未经我的允许，不能调换位置或离开。接下来，请认真听我讲解活动规则，因为这将直接影响大家后面的表现。

四定规则。

以下规则大家必须遵守。

（1）从现在开始，除中间第七组外，其他各组都不允许离开自己的座位。

（2）各组之间如果需要传递七巧板，不允许抛接，只能用手传递。

（3）保管好自己的任务书，不要丢失。

（4）每完成一个图形请举手示意，我会将分数计入你们小组。

（5）接下来我开放三分钟的答疑时间，如对规则有疑问，现在可以开始提问。注意，请一个一个提问，不要嘈杂。

五定时间。

时间为40分钟，现在计时开始。

第三，在活动或游戏结束后，要做价值回收，并且要再次回到培训主题上来，将活动或游戏内容与培训内容关联起来，做深度链接和剖析。

3.1.2 利用"SO 模式"指导批量开发课程

随着很多培训项目的深入，你可能遇到指导课程开发团队批量开发内部课程的任务。

在过往的职业经历中，我们摸索出一种模式，非常适合批量开发课程，且能更好地挖掘和传承企业内部的最佳实践，这就是"Sponsor（支持者）+Owner（拥有者）"的联合开发模式。只要在这个领域是标杆，就有可能成为某门课程的"Sponsor"，在课程开发中负责对课程的整体方向、内部案例及线索、管理经验的分享给予指导性意见。"Owner"是课程开发小组中的某位成员，在课程开发中发挥的是他的专业优势，他负责主导整门课程开发，并完成事务性工作。因此，分工明确，发挥各自优势，操作起来简单可行，这种方式被称为"SO 模式"。

表 3-1 清楚反映了 Sponsor 与 Owner 之间的互补与配合。

表 3-1　Sponsor 与 Owner 之间的互补与配合

Sponsor——经验优势	Owner——专业能力
1. 直接从课程实施后学员能力提升中获益的人； 2. 一般是课程所指向的业务部门领导； 3. 确认通过培训的手段来解决问题是不是最佳的解决方案； 4. 是课程开发和实施最有力的支持者； 5. 一名 Sponsor 负责多门课程，但一门课程不能由多名 Sponsor 负责	1. 非常清楚课程开发的流程和关键环节； 2. 有一定的案例撰写能力（文字表达能力）； 3. 具备一定的引导技能，能进行引导式访谈； 4. 最好兼备讲师经验

就内部管理者培养项目中所涉及的内部课程开发来说，"痛点"寻找由 Owner

来完成，而在验证"痛点"后，Sponsor 需要发挥自己的经验优势，为课程开发提供最佳管理实践线索和素材。接下来，由 Owner 继续按照"ADDIE"或"6D"或"建构主义 7D 课程开发技巧"的步骤进行课程的开发（讲课程开发技术的书籍和课程非常多，由于这不是本书的核心内容，因此本书不再赘述）。二者配合完成基于管理者发展现状的、旨在传承最佳管理实践的管理技能课程开发。

这种模式既保证了课程形式的专业性，又保证了课程内容的针对性。同时这种模式能够使学员产生极强的代入感，而较强的代入感也是保证课程口碑和培训效果的关键。

"SO 模式"的成功，还有一个关键措施，即基于课程的内部讲师认证。"SO 模式"开发出来的课程，需要邀请 Sponsor 做第一次讲授（在讲授之前可以对 Sponsor 进行一对一的 TTT 课程培训，主要是进行课堂预演，用培训经理的专业经验告诉 Sponsor 在课堂上的某个阶段可能遇到的教学问题和应对措施，以及设计好的教学活动如何开展等）。如前所述，我们还会邀请在这个方面标杆的、负责管理不同业务的其他高层管理者旁听课程。之后，可以通过小范围的 TTT 课程培训或试讲等其他形式进行讲师认证，这样既扩大了讲师的来源，也能为不同学员选择更合适的讲师为其讲授，从而使课程更有针对性，分享和传递更多的最佳实践，丰富各个部门、业务线的案例。

3.1.3　培养团队里处在蛰伏期与成长期的后起之秀

这里谈到的培养团队，是指一个优秀的培训经理带领自己团队中刚入门的、处在蛰伏期与成长期的培训从业者在专业上稳步成长。

首先，要清楚地告知他们专业成长路径是怎样的，让其了解 1～3 年、3～5 年、5～7 年自己应该接触到哪些任务、碰到哪些场景、锻炼哪些能力、需要学习和关注什么。在这个过程中，要能够准确预见他们会在哪个时期碰到什么方面能力的短板。这既是对他们的帮助，也是对培训经理过往经验的再一次验证。

其次，要给他们锻炼的机会并且相信他们。我曾经把一个管理者培养的项目交给了一位同事，但很不放心，在对方第一次主持这个项目的时候，我用 A4 纸记录了整整两页问题，打算和他一起讨论一下。结果还没来得及讨论我就出差了，等出差回来，我觉得已经错过了最好的时机。然而，当我再"偷偷"观察他时，发现我记录的那些问题，有 80%以上他都没有再出现。如果不敢让团队成员犯错，他们就不会有提升的机会。

最后，要找机会为他们"加冕"。我们要寻求和创造机会对团队里培训岗位的培训经理及他们所负责的项目、发起的学习活动表示认可，并为其提供必要的物质或精神奖励。这对他们建立专业自信、培养爱岗敬业精神、激发创造力有着极大帮助。

3.1.4　高管参与

在大多数企业中，尤其是在还没有形成自己成熟的企业大学、完善的学习系统的企业中，培训经理都希望高管能够关注并参与培训项目。

我们先来看看高管参与的好处。

高管管理经验丰富，清楚不同成长阶段可能出现的"痛点"。

高管熟悉这些"痛点"在公司管理工作中的应用场景。

高管是最佳实践的代言人，能给内部案例进行权威定论。

高管是受训者最好的标杆和榜样，是公司重视及期望的最好代言人。

高管能带来好课，是最棒的内训师候选人。

······

那么，高管为什么不愿意参与呢？

"没意义"——市场上这样的课已经很多了。这时，我们要通过我们专业化的需求挖掘和调研，让他们看到有些真实的需求，是他们非参与不可的。

"没时间"——高管一般确实都比较忙，当然，如果他觉得这件事重要，就会有时间，如果他觉得不重要，肯定就没时间。把需要占用时间的环节告诉他，让他清楚需要投入多少时间及在什么地方投入时间。

"不会弄"——认为课程开发很复杂，很难操作。所以，我们要把在课程开发中高管需要完成的工作清楚地告诉他，简化高管对课程开发的认知。

如何调动高管参与课程开发的积极性呢？不妨试试下面这些"大策略"，如图 3-2 所示。

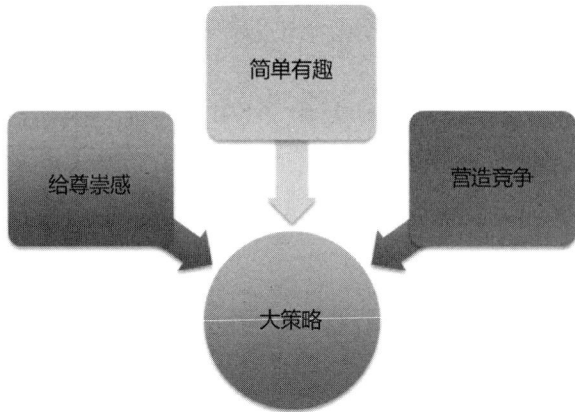

图 3-2 调动高管"大策略"

如何影响高管积极参与课程开发，做培训项目的内部讲师呢？可以试试下面这些"小策略"。

策略一，总裁带头。

总裁带头参与开发并讲授一门课程，如"选择××，成就未来""做强有力的领导者"，这些课程本身比较适合总裁本人讲，而且内容相对简单。总裁参与更能鼓舞学员。

策略二，营造氛围。

（1）对于首个参与的高管，可以在课程宣传上重点着墨，甚至可以用H5、视频、短视频等易于传播的方式重点介绍讲师。

（2）调查学员更希望听哪位高管讲课，并将高管姓名填写在调查问卷上然后将结果反馈给得票最多的高管。

（3）进行高管课程培养人数和推荐值（NPS）的综合评比排名，并将结果反馈给所有高管。

（4）以邮件及其他方式向所有高管传递高管参与的价值，可让学员现身说法谈谈自己公司领导讲课与外面的讲师讲课的不同。

策略三，设计激励。

（1）每次讲完课，悄悄往其办公室送一束鲜花，并附赠三样东西：感谢卡、他当次的授课照片、当次授课的手绘明信片。

（2）制作每位高管的年度授课历史小相册，年终作为礼物送给他本人，在小相册中记录他在开发课程和授课时的每个辛苦瞬间。

（3）年底评选最佳讲师，如开展每年一度的"最美金口良言"评选，奖品可以是一个镀金的"大嘴"。

（4）小游戏形式。例如拼图，为每个高管制作一个卡通拼图形象，拼图块在最开始是不能直接发放的，每开发或讲授一次课，可以得一块拼图。

3.2 培训经理的职业拐点

李白在《行路难》中写道："长风破浪会有时，直挂云帆济沧海。"每位培训经理也都希望经过层层历练、多年积累，有朝一日可以"乘风破浪"。

但大多数情况下，即便通关了，难免还是会遇到瓶颈期。

3.2.1　瓶颈期的到来

可能突然会有一段时间，你会发现自己：

不那么喜欢讲课了；

即便讲课也不喜欢备课了；

对培训工作貌似已经提不起兴趣了；

在工作中找不到可以突破的地方了……

所有这些都预示着培训经理的瓶颈期来了。

这不是身体瓶颈，而是心理瓶颈。那些项目、那些课程、那些设计不断循环往复很容易使人产生职业倦怠。

这不是技能瓶颈，而是晋升瓶颈。从职位上讲，培训经理最多能做到培训总监、人力资源总监或企业大学校长，很少有人从培训经理做到副总裁。即便从培训管理转做全面人力资源管理，培训经理成为人力资源总监的情况也少之又少。所以，晋升瓶颈，是摆在所有培训经理面前的现实。

在培训岗位上工作十年左右，大概率都会遇到瓶颈期。很多人会在瓶颈期选择转岗，更多人在瓶颈期选择了创业。人力资源工作有两个岗位的人创业概率较高，一个是招聘岗位，另一个就是培训岗位。

3.2.2　职业走向的忠告

关于瓶颈期，我想和大家聊一聊培训经理的职业走向。遇到瓶颈期，你该往哪儿走？

第一，是否要选择创业。

到了这个阶段，你会发现，越是在瓶颈期挣扎，外界的诱惑就越多。例如，已经创业的培训经理在向你展示创业的成果；已经做了职业讲师的培训经理在向你展示"空中飞人"的成就；正跟你一样挣扎和彷徨的培训经理在谋划一个好的项目，而且力邀你加入⋯⋯

我的第一个忠告：培训经理不要轻易创业。

首先是资金问题。谁也不能保证创业就一定顺利，首先要为自己准备在三年没有收入的情况下活下去的"粮草"，然后考虑创业的问题。例如，我在创业的时候，给自己留了一部分钱，用作三年家庭生活的保障。我告诉自己：这三年，如果我把这些钱都花完了，而且创业依然没有收入，那么我就立即回去上班，再也不想创业的事；如果没花完，并且创业也开始有收入了，那么我就踏踏实实地好好创业。事实上，我创业的第一年，一整年没有收入，但我不急，因为我有心理预期。只有有了这样的准备和心态，才能在创业时拥有一颗平常心，不会急功近利。否则，习惯了每月领工资的你，在连续几个月甚至一年没有收入的时候就会感到焦虑和不安。这时所有的梦想和情怀，都抵不过明天的"面包"和"牛奶"，而迫于现实的压力你又会回去上班。我身边这样的例子有很多。

其次是技能问题。虽然创业需要各种综合技能，但首先让你"活下来"的是市场能力、销售技能。然而，大多数培训经理都是没有市场意识的。客户怎么来？客情关系怎么维护？如何踢单？怎么管理销售团队？如何建立适合我们自己创业项目的销售话术？这些问题不是找一个市场或销售合伙人就能解决的。如果没有成熟产品，那么即使有了合伙人，前期也仍然需要大家一起探索，而这个探索过程，本身就是有问题的，因为大多数培训经理是没有市场意识的，大家思考问题的角度也不在一个层面上。

再次是行业问题。传统的企业培训行业，已经是大红海一片。传统的培训岗位上的培训经理，即便创业也大多是"纵身一跃入红海"，产品同质化严重、产能过剩已是共识。同时，培训行业是一个非常认资历、重出身的行业，如果没有知名大企业工作经历的背书、没有亮丽的职场履历的支撑，就意味着没有太多客户会认可你，创业之路走起来，也就艰难许多。

第二，创业的具体方向。

不管是为了梦想，还是为了情怀，最终决定创业，首先一定要明确自己的创业方向。

我的第二个忠告：培训经理创业要先想清楚自己创业要做什么。

培训行业创业，要根据自己的特长和资源，选一个明确的赛道。如果做师资经纪、培训机构和培训平台，就需要强关系、强客户资源、强营销能力、强获客渠道。如果做内容，那么你本人或者你的团队，就要有超强的产品经理能力，能够不断输出原创内容，或者引进、链接已有的版权内容，还需要有能力设计内容输出和认证模式。大多数培训经理创业，会选择先成为职业讲师，相比而言，这是较为轻松的一条路。实际上，做职业讲师也并不轻松，需要获得一定的课量，这不是一朝一夕的事。做职业讲师，也面临两个选择：一是跟培训机构合作，由机构找客户；二是跟师资经纪合作，由师资经纪找机构。相对而言，前者单次课酬较高，但排课量略少；后者单次课酬略低，但排课量较多。前者对讲师个人的综合能力要求较高，如方案能力、售前能力；后者对讲师个人的综合能力要求略低，只要能接受出差、能讲好课就行。培训经理初次创业做职业讲师，找师资经纪合作，是较为稳妥的做法。

第三，创业路上采取的具体措施。

前面说了，即便做职业讲师，想要获得一定的课量，也不是一件容易的事。那么，怎样才能让自己在职业讲师的道路上走得更好呢？

我的第三个忠告：要想做好职业讲师，就必须用三个"武器"来武装自己。培训经理走好职业讲师之路的"三一武器"如图 3-3 所示。

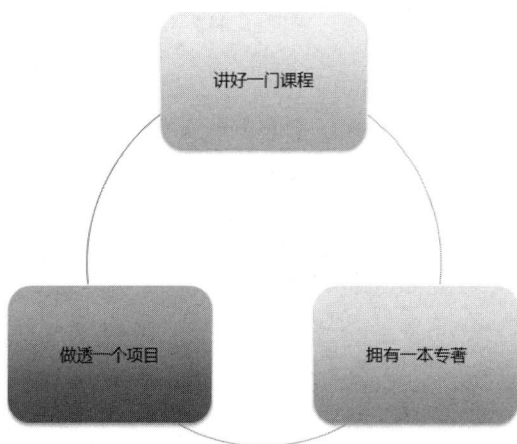

图 3-3 培训经理走好职业讲师之路的"三一武器"

第一个"武器"是讲好一门课程。首先授课能力要过关，这是基础。在授课能力没问题后，接下来要考虑的就是课程内容，课程内容可以是自己原创开发的，也可以是获得授权认证的。对于初次创业的培训经理而言，获得一门知名课程的授权认证是更稳妥的做法。拥有一门课程后，不但要钻研课程、吃透课程、讲好课程，还要能讲出自己独特的授课风格。这门课程，最终会形成你的标签，成为你的 IP。我当时出来创业能够讲好的一门课程，就是"4D 领导力"，后来经过不断研究、实践和发展，又开发了新的课程——"场域领导力"，这就成了我的标签。当然，如果你有原创能力，那么在这一门课之外，慢慢还会开发其他课程，我就拥有了我的其他版权课程，如"有温度的沟通""新管理者日常管理六精进"等。

第二个"武器"是拥有一本专著。要想真正踏实地写一本自己的书，还是很难的，这对文字功底、系统思考、逻辑能力、专业深度等都有着很高的要求。培训经理创业做讲师，如果能拥有一本属于自己的专著，就意味着你在这个领域是有一定权威性的，这本专著就是你最好的背书，能够在一定程度上抵消你没有名企背景、没有耀眼履历带来的影响。幸运的是我在创业伊始，就深刻地意识到了这个问题，后来我一心投入写书中，并在 2015 年 7 月出版了我的第一本专著《场域的力量》。很多人、很多机构、很多客户因为这本书认识了我、知道了我的存在，这本书对我的创业之路影响很大。

第三个"武器"是做透一个项目。如果你有创业之心，那么在企业工作期间，你应该有意识地做透一个培训项目，无论是新员工培训项目、管理者发展项目，还是其他项目都可以。要获得关于这个项目的所有的一手信息、一手体验、一手感悟，让自己成为这个项目的专家，而这种经历的获得，是你获得专业自信的基本的来源。

4

过来人心声

4.1 求真求实，问道传道——做不可或缺的价值创造者

文/徐江

本文作者简介：2001 年加入湖南 LG 曙光电子（以下简称 LG 电子）有限公司，任培训经理；2007 年加入锐捷网络股份有限公司（以下简称锐捷网络）任项目经理、培训经理，负责重大项目推进和管理、企业文化建设、各类人才发展项目和领导力发展项目；2015 年开始全面负责锐捷网络人力资源工作；2019 年调入锐捷网络销售训练部担任副总经理，负责任职资格体系搭建和推进，教学设计、销售团队文化建设。

回首自己 20 多年的职业生涯，从培训开始，到现在回归培训，尽管这中间做过很多其他工作，如人事工作、项目管理工作、战略工作、人力资源的全面工作，但我一直也没有把培训放下。我对于培训工作的思考也一直没有停止过：培训工作者的价值是什么？怎样发展才能发挥自己的更大价值？简单的两个问题，随着岗位和角色的变化，在不同时期有不同的理解和答案，但答案越来越清晰、越来越明确。

1. 阴差阳错

我在 2001 年本科毕业于湘潭大学，拿的是工科学士学位。毕业后，我应聘进了长沙的 LG 电子（中韩合资），本来是想去设计部或者质量部的，但是这两个部门没有位置了。机缘巧合下，在为期两周的新员工培训中担任班长的我，被培训部门负责人金女士选中，阴差阳错地进了企业培训这个行业。

说实话在那个信息不发达，就业都是国家分配和市场双向选择的"双轨制"年代，对于"培训"我一点概念都没有。我的第一任领导金女士对我非常有耐心，也很包容我，同时她还为我指定了一位优秀的导师叶女士。我的培训生涯从摆放桌椅、布置培训室开始。

记得那时候，LG 电子的培训非常多，每天都有，包括周末。培训内容也是各不相同，如管理的培训、现场班组长的培训、生产线技能的培训、质量和设备的培训、新员工培训等。每天看着培训室里的热闹场景（当时总共 8 个培训室，经常是全满），看着同事们上班时间坐到这里来参加培训，我开始意识到培训很受重视，是企业不可或缺的一部分，心里迫不及待地希望能像众多的讲师一样站在讲台上大展身手。

在工作半年后，我终于第一次站上了讲台。我记得非常清楚那天讲的是"高级工业工程"，这门课程之前邀请了韩国总部的一位专家，一共做了 4 期培训。课程理论性和实践性都很强，所以从一开始我们就定下了内化的目标，并且选好了几位生产部门的工程师担任内部讲师。我把每一期里专家在培训中讲的内容、用的案例都记录了下来，并且全部录了音。接着我花了一个月时间整理这些记录和录音，又和我们的内部讲师一起把每页 PPT 怎么讲、每个练习怎么做、每堂课时间怎么分配（整门课程是 5 天课堂讲授，2 天现场改善）都写了出来，最后形成了一本厚厚的讲师手册。而我也担任了这门课程中一个单元的讲师，真正开始登台讲课。一开始我是非常兴奋的，当看到比我年长、工作经验也比我丰富的同事眼中闪耀的光就更加兴奋。培训后的调查反馈也是一片赞誉，这让我非常自豪。

慢慢地，我发现了很多问题。例如，在大家做完练习后，我没办法对生产现场的相关问题给出反馈和评价；每次带大家下产线，我也不知道大家所做的改善到底有没有效果。我发现要做好培训，除讲课技巧和提前备课外，还必须了解生产现场。那段时间只要不讲课，我就会泡在生产现场。在生产现场，我认真观察每一个岗位的具体工作内容，了解工作原理，遇到不懂的就及时向相关人员请教。参加班组的晨会、看现场的生产日报、看每天发生的重要事件、了解现场的管理者关心的问题。渐渐地，我发现讲到现场也会有很多要讲的内容了，跟大家下产线，也能给出反馈和评价了。那时我每天只琢磨讲课和下产线这两件事，课程总共 5 个单元，3 个月的时间，我就做完了总共 7 天的培训课程。

接下来我开始讲不同的课，讲课频率越来越高，平均每个月要讲 10 天左右，我能感觉到自己讲课越来越得心应手。这样过了差不多一年，我发现了一个大的问题，有些人反复来听我讲的同一门课。大家是没有听懂吗？经过了解，发现有两种情况：一种是回去以后自己还是不会做，另一种是上级觉得自己做得不好还要再学。接下来我又找他们的上级做了了解，上级认为他们回来后没有改变，绩效也没有提升，所以需要继续学。我都是好好讲的，为什么还会出现这样的情况？这一定是课程本身需要改善。此时我忽然意识到课程开发很重要，这才是培训的源头。

LG 电子的课程，都是韩国总部的培训研修院开发好再发放给各个单位做内化的，除了翻译和校对，我们主要就是在原课程的基础上加上本公司的案例和一些课堂活动。那时候做了好多的案例和小游戏，每堂课一开始就是一个游戏，每 20 分钟就有一个练习，课堂变得越来越生动，学员也越来越活跃。然而令人沮丧的是，学员的绩效似乎并没有明显的提升，到生产现场去调查，发现业绩也没有明显提升。学了设备保养，设备的故障率依然很高；学了质量管理，良品率依然很低。当时我就在想：怎么会这样啊？培训到底有用没用？我做了这么多事价值在哪里？我还要做什么才能提升自己的价值？

没等我找到这些问题的答案，随着行业的技术变革，长沙 LG 电子有了一些新的变化。我在被调到人事部门负责管理者的选育用留一年后，决定换个环境了。

2. 峰回路转

我在 LG 电子工作的时候，顺利拿到了 6Sigma 的黑带证书。这个证书加上 6 年的培训经历，让我获得了一个去北京的机会。之所以选择到距离家乡 1300 多公里的北京，是因为我预测 2008 年北京奥运会会给北京这座城市和北京企业的发展带来新的契机，而培训也会借着这个契机而迅速发展。新加入的锐捷网络是一家网络设备和解决方案厂商，在市场被第一阵营的思科、华为等公司所占有的情况下依然励精图治，雄心勃勃。2007 年因为华为剥离企业网业务跟 3com 成立合资公司，市场格局发生巨变，锐捷网络迎来一次发展的机会。

锐捷网络当年的战略是对外均衡利基，对内提高效率。在市场方面，巩固优势细分市场、开拓少数新兴市场；在内部管理和流程方面，提高组织效率。基于这样的战略，公司内部出现了很多亟待解决的组织变革的课题。我到公司的第一个任务就是导入新的工作模式，促进组织变革。

为此，公司设计了一个名为"群策群力"的项目，该项目由公司总裁"挂帅"，员工培训与发展中心承接，我作为项目经理来推动。我们深入地研究了 GE（通用电气公司）的产出、项目管理和问题解决的众多理论和实践，决定以项目管理体系知识作为核心流程和管理方法论，以 6Sigma 的 DMAIC 作为流程改善的核心工具，发起与经营相关的关键课题，成立专项组彻底解决问题的方式，来服务于市场拓展和运营改善，同时建立打破部门壁垒的项目合作工作方式。

有两件事让我印象深刻。第一件事是入职的第一周，由总裁牵头，各部门主管提报，一下子报过来 50 多个课题。经过初步筛选，在第一次的项目说明会上依然还有 30 多个课题待总裁审批。会议从早上 9 点开到晚上 9 点，课题内容参差不齐，大家按照自己对业务的理解运用各自的语言体系进行沟通，会议开得非常艰难，效率非常低。这次会议结束后，我们发现有两个关键问题需要解决：第一，需要对中高层管理者进行培训，教会大家如何选择课题和评估课题；第二，我们需要开发自己的管理流程、工具和模板，促使大家形成共同语言，提高工作效率。第一个问题解决起来相对简单，我整理了一套选择和评估课题的标准，收集了一些优秀课题范例并发给相关的管理者，然后针对几个课题组织了小型的研讨会。大家在研讨会上不断进行思想碰撞和反馈，逐渐将选择和评估课题的标准确定下来，最后确定了 3 个公司级项目和 3 个部门级项目。

第二件印象深刻的事情就是解决第二个问题。开发自己的内部管理体系很复杂，需要耗费大量的时间和人力。当时只有我一个人做，而任务非常紧急，我需要在一个月内完成内部管理体系的开发，形成培训的课程和资料，然后面向 6 个项目组开展培训。那一个月，我晚上看书研究，形成想法和书面材料，白天跟各位领导进行调研和沟通，并对前一天的成果进行调整和优化，每天只睡不到 5 个小时。非常感谢公司的经营层领导对这件事情的深度参与，同时也提了很多真知灼见和具体的指导。最后我用两周时间确定了管理流程和必要的工具及模板后，又用了两周时间完成了一个时长两天的"项目管理"课程。上完最后一节课我并没有疲惫或者如释重负的感觉，而是纯粹的开心，因为在课堂上的授课内容都是针对大家手头在做的项目进行了具体和明确的指导和反馈。看到大家从"不知"到"知"，从"不会"到"会"，从"不动"到"动"，最终解决问题、实现战略目标，我就很有成就感，而这就是培训的价值。我认为只要自己深入大家的实际工作中，再结合权威的理论和方法，就能提供这些价值。

在半个月以后对几个项目做第一次回顾的时候，我发现大家虽然学会了理论，但是到了具体的工作实践中，大家的理解和动作都出现了严重的"变形"。如何做才能让大家做对呢？我发现寄希望于两天囫囵吞枣似的学习模式就能让大家在可能长达一年的流程各阶段都能做好，无异于痴人说梦。培训只是给大家建立了一个基本概念，就像是打开了一个宝盒，大家认识了里面的东西，了解了这些东西各自的用途，但是在真正遇到"怪兽"时，大家就不知道该用哪件"宝物"了。在实际工作中遇到的问题，也许在培训时没有介绍，此时如果及时给予指导和反馈，遇到问题时能够利用推拉结合的方式找到解决办法，就能帮助大家实现目标。于是，我开始转换角色，不再把自己当作一个讲师，而是当作这几个项目经理的导师，他们的项目就是我的项目，我的目标就是让大家"在做中学，在学中做"，大家需要什么帮助，我就提供什么帮助。那时，我跟项目经理一起和我们的上游供应链讨论解决库存的问题，和项目经理一起拜访外部合作伙伴沟通渠道政策的问题，和项目经理一起组织客户座谈会了解客户对我公司品牌、产品、服务等方面的评价和建议……现在来看，这些工作既像项目经理的工作，又像行动学习概念中的催化师的工作。

最后的结果也比较令人满意，6 个课题顺利结项，4 个课题实现了项目目标。这不仅帮公司建立了需求管理的体系和机制，也成功让我们的产品通过教育部进入了中职实验室市场。

那是最忙碌的两年，也是最充实的两年，我发现培训要创造价值，不在于自己的培训内容是否全面，不在于讲课是否精彩，而在于自己是否促进了改变。这种改变，单靠课堂的面授是无法实现的，还要有辅导和反馈，以及亲自实践。只有深入学员的工作场景中，以他的目标为目标，才能为培训创造价值。

3．高屋建瓴

2009 年，公司成立了总经理办公室（以下简称总经办），负责组织公司的战略规划、推动战略执行。最初总经办只有 3 个人，我作为其中之一除了继续负责之前的项目管理，还负责在公司内部导入平衡计分卡（Balanced Score Card，BSC）。BSC 在那个时候属于较为先进的管理理论，也很复杂，需要公司的经营层和部门总监深入参与和投入。在导入的前期，公司找了一家专业的咨询公司合作，为公司副总裁和部门总监做了理论方法的培训，并且带着大家做了第一轮的战略制定。

制定战略的过程并不简单，理论本身就有难度，幸好有专业顾问的加持，大家对理论和如何实践的理解很快便达到了比较高的水平。但是从知道到做到，中间还有很大的鸿沟，每个业务单元要从自己的使命和业务目标出发思考自己的战略，同时还要考虑公司的整体战略，这就是一个很复杂的过程了。我发现即使是经验丰富、辅导过上百家企业的顾问在这个过程中能提供的帮助也非常有限。对于总经办的同事来说，在这个过程中能做的就是进一步加深对 BSC 这个方法的理解和对各业务单元的使命、目标的了解。得益于经营层的深度参与和快速决策，经过持续两周的两次集中会议，战略终于被确定下来。接下来需要对战略进行详细描述，这样才方便大家达成共识，才具备让其他人更好地理解并执行的条件。口头上形成一致的东西落实到书面后可能发现两者存在较大差异。战略描述的工作量非常大，首先要从一个战略想法细化到战略目标，其次要围绕目标制订工作计划，工作计划还要落实到具体的事情，这又涉及让相关的参与者对要求正确理解……

单纯依靠顾问对经营层和部门总监做培训和辅导，很难实现在全公司里用 BSC 做战略制定和战略执行的目标。所以，我们 3 个人在那段时间做了很多事情：

对顾问的课程进行内化，为部门经理层面的管理者做理论和方法的培训；开发 E-Learning 课程放在内网上，供大家学习；对顾问给的工具模板按照锐捷网络的实际情况和工作习惯做简化和定制化处理；联合 IT 部门自己开发 BSC 管理系统，把战略描述、制订计划、战略回顾和评价等工作全部实现电子化……经过 8 个月的努力，这项工作可以有条不紊地开展了，公司经营层会议打开 BSC 系统就可以对战略的执行情况进行回顾、评价、反馈和调整。凭借在落地方面采取的这些有效举措，在 2012 年博意门（中国最早引入平衡计分卡理念并在中国帮助企业实施的专业咨询公司，2011 年加入普华永道）组织的战略执行优秀企业评选中锐捷网络被评为"中国战略执行明星组织"。

最终的问题，也就是我们要的战略成功实现了吗？从推行两年的情况来看，战略并没有成功实现，因为针对提升战略思考、战略规划和战略执行的能力我们并没有做出任何的举措。我们设计了去打水的路线，提供了桶和扁担，但是打水的人根本挑不动。

很快，公司的又一项重要战略交给我负责。随着公司的快速发展，对合格和优秀的管理者的需求越来越大。公司当前的现状是一方面管理梯队没有建立起来，另一方面公司投入资源为在任的管理者开发了提升领导力的课程，但是没有看到明显效果。接到这个任务后，我先是对公司 200 多名管理者的基本情况做了大致了解，大多数管理者来自业务骨干，甚至有些人一上岗就带 20 多人、30 多人的队伍。没有标准的评估选拔过程、没有接受过岗前训练、没有规范的评价方法、来自上级的辅导很少等，这样的问题并不新鲜，有很多企业在发展过程中都曾经面对过类似的问题。我又分别研究了 GE、IBM、3M、华为、丰田等优秀公司在管理者发展方面的做法。最后发现，做法可以有很多，但万变不离其宗，本质上三件事情是关键：一要有一个明确的评价标准，能自评和他评，找到优势和机会点，这样才能通过找到差距的方式创造发展的内驱力；二要有选拔、聘任、晋升的流程、机制和氛围，通过极具仪式感的组织活动让管理者感受到被认可和被重视；三要有培养体系，并且体系必须分级、分层，不是寄希望于一次培训解决问题，而是根据学员的角色和关键任务，针对场景设计培训。三件事情中任何一件拿出来都是超大的课题，需要大量的资源、长期的投入和探索优化，因此在当时也明确了 3 年的培训规划。

虽然前期规划得很清楚，对于会遇到的风险我也有一定的心理准备，但事情在推动过程中遇到的困难也是我始料未及的。

首先，变革遇到的阻力。举个例子，之前除了上级考核下级，从来没有对管理者进行过全面评估，更没有对管理者做过排名（还要按照"361 法则"进行强制分布），上级不好意思给手下的管理者做排名，压力很大；下属管理者，听说除了业绩，还要被从管理素养、发展潜力、文化符合度等方面进行评价，还要做排名，也很有压力。每一件新事物的诞生都要被质疑，新东西往往亮点多，瑕疵也多，有时甚至瑕疵更多一些。尽管先找了两个部门做试点，但在正式推行的时候依然如履薄冰。

其次，到底什么产品是值得引进的？胜任力模型、素质模型、行为测评、素质测评、能力测评等，市场上的产品有很多，各有优劣，到底选哪一个这就需要耗费大量的时间去研究和对比，并且还要找内部的高层做验证和取得共识。

最后，资源也是个问题。一个分级分层的培训体系，初始化的时候就规划出了 20 多门课程，每一门课程都要开发、要完善，还要设计成可以促进行为变化的课程，可以说当时培训团队也是有很大压力的。以前都是发培训通知把人叫来，请讲师在课堂上认真讲，讲完做一个调查，工作就结束了，然后学员还觉得挺开心，结束的时候还表示很感谢。如今没有课程、没有讲师，一切都要自己弄，以前的绩效考核指标全变了。

我记得很快就有一位同事因为觉得公司对于培训团队的要求太高而选择离职，去了另一家公司做培训经理。那个时候我兼管培训团队，我经常跟培训团队的人说角色定位。你要做发通知、跟课、维持纪律、训后调查的工作吗？这是"Level 0"，因为这些工作随时可以被别人替代，并且替代你的人不需要具备培训的专业性，认真、负责、细心就够了。给你一个标准的课程，你能讲好，学员评价很高，这是"Level 1"，作为专业讲师，你的演讲呈现和控场调动都很不错，但是你也有明显的短板，有的专业性强的课程或者实践复杂度高的课程，如如何拜访客户、如何跟员工做绩效面谈等，你很难讲好，因为你没有真正实践过。

如果能花更多的精力观察和研究真实的场景，就非常接近我讲的"Level 2"了。如果能进入学员的真实工作场景中，洞察到绩效出现差异的关键点，然后识别出通过培训的手段能解决的差异，设计培训的解决方案并组织开发课程，达成培训的目标，这就是"Level 2"。如果能分辨出哪些是通过培训手段可以解决的，哪些是需要通过非培训的手段，如调整考核指标、建立有效的流程、改变工作环境等来解决的，能制订整体的解决方案，推动培训和非培训手段的实施解决问题，这才是"Level 3"。我们现在做的就是"Level 2"和"Level 3"的事情，有压力是很正常的，不过是否往这方面成长需要大家自己选择。幸运的是当时团队的几位骨干都顶住了压力，充满激情地投入培训体系的建设中。

在公司总裁和几位副总裁的支持下，在人力资源部的密切配合下，评价标准顺利出台，我们借鉴 GE 的 Session C[①]的方式对全员进行人才盘点，重点对管理者

---

① Session C 是对公司人力资源工作进行的评估，从人力资源的角度审视公司的一系列目标与计划，是识别人才的过程，也是识别公司发展对人才和组织的需求的过程。

进行评价。培训体系初具规模，尤其是针对新任管理者的培训计划成了业务骨干顺利走上管理岗位、实现角色转变、开展管理工作的"大雪天的炭"。管理者的选拔、聘任、晋升的流程、机制和氛围也在原有基础上得到了加强。

4. 荒野迷踪

2013 年，我正式调到人力资源部，带领培训和企业文化团队，负责公司的管理者发展、通用素质和技能培训、企业文化建设等工作。

虽然在招兵买马过程中也有个别的失误，但是总体来看人员引进还是颇有成效的。这一年我们兵强马壮，大家齐心协力为做最专业、最有效的培训而努力。为此，我做了两件事：第一件，重新设计我们的培训项目，把原来以面授培训为主变为混合式培训；第二件，衡量培训后的效果，如学员绩效的变化等。我选了管理者培训和新员工培训这两个项目作为突破对象，因为这两个项目影响群体最多，持续时间最长，同时对公司的影响也最大。

以管理者培训为例，我们设计了"四合一"模式。具体来讲是分四个步骤：第一步，实战培养，建设人才"蓄水池"；第二步，实施分级分段面授，传承最佳实践；第三步，实施量化评价，锤炼计划护航；第四步，融合群体智慧，传递管理价值观。

经过一年的培训，并在培训过程中不断进行优化调整，我们的工作最终取得了不错的效果，锐捷网络也凭借这个案例获得了《培训》杂志颁发的"中国人才发展创新企业"荣誉证书。

逐渐有销售部门、服务部门等业务部门的管理者来找我们要培训资料，他们认为我们培训的理论方法非常好，但因为不是专门针对各自的工作特点和工作场景开发的，学员在消化理解和实践时会遇到困难，所以希望利用我们开发的理论方法做自己的岗位的定制版本。这件事情一下子让我意识到，虽然我们做了很多的工作，但是跟业务实践仍然是脱离的，并且没有嵌入业务的组织机制和流程中去，缺少日常的反馈和辅导，学员的行为也因此很难形成习惯化。

2015年，我被公司任命为人力资源部总监，负责公司人力资源的全面工作。从任命的第一天开始，我就意识到需要找一位培训团队的负责人，并且很快开始行动。没想到的是，这个目标直到三年后才达成。这三年面试的候选人不计其数，各行各业的都有，各种学历的都有，但是最后不能让我下定决心与其合作的原因总结起来有三点。

（1）缺乏对培训事业的热情。仅仅把这个岗位当作一份工作，甚至有的候选人会明确说明其只是把培训当跳板。

（2）掉进了专业的"深井"。只关心培训的外在形式是否新颖，认为每家企业的领导力培训体系都应该是同一张密密麻麻的课程体系图，很少关心现场、学员对象、公司战略，不知道企业的"痛点"是什么。

（3）掉入了事务工作的"深渊"。扑在一件件具体的事情上，不考虑队伍的发展，不考虑下属的成长。每天只知道低头赶路，忽略了终点和方向。

那时，我经常想起第一任领导金女士经常说过的一句话："培训专家的成才周期很长，要做好心理准备。"当时不以为然，如今才意识到这句话的深刻含义。

5．柳暗花明

2019年，我轮岗到公司的销售训练部。这是一个小团队，首先是人比之前的人力资源部少了很多，其次就是业务范围小了，主要负责公司销售人员的训练。

有点"在以 2 米为直径的圆形土地上，往下深挖 2 千米"的意思。

现在目标更聚焦了，跟业务的距离也更近了，怎样才能做得更好呢？如何切实有效地支撑业绩达成呢？通过对之前工作的思考，结合这两年读过的教育培训的理论，有一个想法在我脑海中越来越坚定：定位，关键还是在定位。要认识到培训是解决问题的一个手段，而最终目标是要解决问题。所以，问题是什么？这个问题对绩效的影响是什么？引起问题的原因是什么？如何衡量问题解决得好坏？这几个问题至关重要。至于解决问题的钥匙是什么？钥匙在哪？用什么方式去解决问题？这些都是手段和武器。简单点说，不忘初心，砥砺前行，关键是不忘砥砺前行的初心是要提升绩效、解决影响绩效的问题。

对于培训工作者来说，要时刻提醒自己解决问题的手段绝对不只是培训。不然就成了那个"手上有锤子就把所有的问题都看作钉子"的人。到底从哪些方面思考来解决问题呢？我认为吉尔伯特行为工程模型理论（见图4-1）讲得非常清楚。

图 4-1　吉尔伯特行为工程模型

图 4-1 中上面的三个模块——"数据、信息和反馈""资源、流程和工具""后果、激励和奖励"——代表了影响绩效的环境因素。当这些支持的因素被提

供后，员工能够表现出非常好的水平，其对绩效的影响作用占到 75%。但是，当这些支持因素没有被提供的时候，即使员工接受专业的培训，改变所有的个体因素，其对绩效的影响作用只占到 25% 了，员工表现也难以达到预期的水准。

实际上，培养体系全景（见表 4-1）中的"做什么"就是吉尔伯特行为工程模型中的知识技能。而"怎么做"和"怎么管"，就是模型中的环境因素。我们现在正在逐项梳理、填充每一项业务活动，然后做标准化，未来定期升级。这是一项非常复杂和困难的工作，但是无论是对培训对象个人还是对组织，都有很大价值。而对于作为培训工作者的我来讲，终于有机会转换为价值创造者了，探索了这么多年的问题依稀有了答案。

受本书作者江政的邀请，我把自己将近 20 年的职业生涯同广大的培训工作者进行分享。起初是诚惶诚恐的，因为从来也没有觉得自己的职业生涯有多成功、有多顺利，自己也没有做多了不起的事情。但是写着写着，淡定了，坦然了，我觉得不用吹嘘，也不用担心读者会有怎样的评价。开放、坦诚、实事求是，怎么想就怎么说，人一辈子都是在探索成功之道的路上，关键是不能停止思考，不是吗？

表 4-1　培养体系全景

为 何 做		做 什 么	怎 么 做		怎 么 管	
教学目标	业务活动	理论/知识/技能	实操工具	信息/资源支持	管理办法	如何反馈
态度						
技能						
知识						

4.2 不忘初心，永怀感恩——走好无限宽广的培训路

文/项兰雯

本文作者简介：CCF 中国教练联盟认证中国十大金牌教练；埃里克森国际教练学院注册专业教练；国际版权课程"领越®领导力"认证讲师；WFA（国际促动师协会）认证 F5 级行动学习促动师。

2005—2014 年，我先后服务于一家保险公司（任职个险销售主管及兼职内训师）及两家大型连锁服务企业（员工人数均超过 1 万人，任职企业大学培训经理）。2014 年 3 月，我辞职离开企业，转型成为一名职业培训师，从此，我开始在领导力发展及培训师培养领域不断深耕、成长和精进。这期间我服务过不同行业、不同性质的企业和客户，培训形式从公开课、企业内训，到企业项目、一对一教练、团队教练，在大量的实践中逐渐形成了自己的口碑和个人品牌，学员、客户的积极反馈和评价给我带来了很大信心，不断激励着我持续精进，而我最想感谢的就是曾经在企业里围绕"培训"开展的所有工作。如今和大家分享 5 点我最深的感悟，希望能为同行带来一些启发。

1. 培训工作的多元视角，让培训人受益无穷

在多年企业内的培训工作中，我切换了几乎所有的培训视角。

- 身为学员，听企业内各级管理者、外部专业讲师、业内大咖、国外大师级培训师的培训课程，体验怎样的课程自己可以更加投入、怎样的培训师会

更打动自己、怎样的培训师可以称为是大师级培训师、到底什么叫"生命影响生命"等。

- 身为培训师，研发课程、打磨课程、试讲课程、交付课程、传递课程，切身体会一门好课是如何炼成的，以及我如何为学员、为企业创造最大的学习成果。

- 身为培训管理者，全面策划和实施培训项目，小到教室预订、团队伙伴的电话费报销，大到几个月的培训项目从事到人的全盘统筹和落地。

- 身为企业人才培养领导力发展工作的负责人，筛选与见证不同专业培训咨询公司的产品、服务和解决方案，接触前沿的学习理念与技术，整合培训解决方案。

- 身为企业管理者和员工最信任的沟通渠道，聆听他们的诉求、期待和"痛点"，学习将诉求、期待转化为可落地实现的培训项目和课程。

这样多元化、全方位的培训视角，能够让我更加敏锐地把握培训需求、更加系统地思考培训效果，让我可以在 2014 年转型后顺利从企业内训角色转换为商业讲师，并且获得持续的良好评价和反馈。

对于同行，特别鼓励大家在企业内从事培训工作的时候一定要把握好这样的机会，在各种培训工作中充分体验、学习和实践，这对培训人是最难得的实践和积累。

2. 在培训工作中发掘自己的独特优势

在企业里，因为培训工作的纷繁复杂，我们常常被工作"带着走"。可能培训的工作大家都会做，课程也都会讲，可是什么才是自己身上与众不同的地方？什么才是自己的独特优势呢？

这几年很多培训师、培训管理者会找我做教练，探索自己的定位和发展方向，我常常会问他们这样的问题——在你过去的工作中，做哪些事是你非常享受的？讲什么课是你特别兴奋的？你最想传播的理念是什么？

其实我们的优势一直都在，也总是出现，只是我们并没有觉察和留意，更没有充分发挥和放大。所以，在企业里做培训最大的好处就是我们有很多实践机会，如果过去你总是被一堆的培训事务所环绕，那么现在试试从忙碌中抽身出来，感受一下自己的状态和能量，想想哪些工作让你享受又喜悦？讲什么课程会让你兴奋不已？当你去觉察和留意时，你会找到自己的方向，一旦找到方向，后续需要的只是持续的深耕与不断精进。

转型几年来，通过不断实践、自我觉察，我逐渐对自己的定位有了清晰的认知——致力于成果教练在企业人才培养和领导力发展中的落地应用，通过教练培训、教练对话支持个人、团队和组织领导力发展。这个定位的过程就是不断了解自己、感知自己、梳理自己的过程。最初转型时我可以讲近 10 门课程，如今我只精专于"教练式培训师"及"教练式领导力"，清晰的定位让我集中大量精力专注聚焦，不断深耕细作。这也支持我有效建立了个人品牌和客户认知，越来越多的客户因为我的这个定位而直接找到我。

3. 培训人的愿景是让世界更美好

如果回想作为培训人，我在企业里做的最正确的事是什么？我会毫不犹豫地说："我做的最正确的事就是通过培训，让很多人改变对世界的看法，让人们对世界的看法更加积极正面。"

在企业做培训的几年时间里，很多员工因为参加了我所组织的培训，他们对"培训"的看法变了，曾经认为培训就是公司给自己"洗脑"，后来发现培训对自己很有帮助，培训可以很有趣，而且可以大量参与；他们对培训师的看法变了，原来以为培训师高高在上，只是传达公司要求，后来发现培训师不仅可以发挥自己的优势，让课程变得生动有趣，还能影响很多人对世界的看法；领导们对培训的看法变了，原来希望通过一堂课就收到实效，后来愿意花更多时间关注员工成长和管理者培养，真正把培训重视起来。在我离开企业后，还常常收到同事们的信息：他们怀念参与培训的美好体验；怀念因为学习获得成长时的喜悦和满足；怀念培训让他们开阔了视野、看到了希望；怀念培训中彼此之间的连接与共创；怀念那些获得的突破和看到的更好的自己。

转型后的这几年，接触的企业更广，人群更宽泛，培训也更加深入人心，我更加发现无论个人还是企业，对真正有效的培训、对真正能创造转变的培训师是多么的渴望。所以，每一次我都会以"创造转变"作为我的培训目标。

身为培训人，无论是在企业内服务于自己企业的员工，还是在企业外服务于更大范围的人群，我们都有一份使命，那就是通过我们的培训，影响他人的生命，改变每一个与我们相遇的人对世界的看法。身为培训人，我们需要传递温暖和光明，传承智慧和爱，我们就是让世界更美好的源头。

4. 培训人的使命是唤醒每个人内心向上生长的力量

随着培训学习技术的不断进化，一切似乎又回到了原点，也回到了本质。

当我们做培训项目、讲培训课程时，我们永远需要记得"以客户/学员为中心"。我们服务于谁？他们想要的是什么？他们如何能够获得？这些问题的答案就是我们工作围绕的核心。如果能够真正洞察到需求的本质，那么培训工作必将实现顺利开展。

当我们谈培养人、发展人、激发人领导力时，我们需要思考什么？可能我们最需要的就是回归人性、回归人的本质。人什么时候会被激发？人到底要如何培养？领导力的本质又是什么？这几年里我不断对这些问题进行思考、学习、探索和实践，最后发现我们真正要做的是发掘人的至善，无论是自己还是他人。因为每个人都希望成为更好的自己，而这就是一切问题的最终答案。

无论我们做什么，都要记住一句话"每个人都希望成为更好的自己"。我们需要放大自己的愿景，重视自己的每一项工作。只要用心，琐碎的行政事务同样可以体现出品质，让学员走进教室就可以体会到美好；只要用心，重复的培训课程也可以不枯燥，每次课程仍然可以做出不同，因为来到教室的都是完全不同的生命；只要用心，繁杂的培训项目也并不只是事务，它们处处体现着培训人的人生态度。

身为培训人，我们比其他人更容易获得信任与尊重，我们更需要在现实的生活工作中通过点滴小事、一言一行传播生命的美好，唤醒每个人内心向上生长的力量。

5. 培训人，我们最需要感恩这终身成长的美好时代

作为培训人，我特别感恩。因为培训，我总是可以接触到前沿的资讯，学习最棒的课程，这让我可以持续保持积极正向的生命状态。

随着移动互联网的快速发展，学习资源和平台快速普及和传播，这个"共享时代"的到来，让每个人都拥有了平等的机会去传播自己的所长。

在 2015 年，我开始传播"人人都是培训师"理念，鼓励每个人发掘自身优势，萃取自己的优秀经验，开发培训课程，传播并影响他人。为了满足市场的普及性需求，我为新精英橙子学院及喜马拉雅 FM 开发的"分享力"课程陆续上线，影响超过 2 万人。

在这个终身学习的时代，培训人拥有对知识的快速学习力、资源的整合力、突出的表达力，都给了我们比别人更多的机会去成为自己想要成为的人。

谈到这些，我的内心无比感恩，感恩这美好的时代，让每个人都可以发光发热，让每个人都可以成为点亮世界的一盏灯。身为培训人，我更加感恩我们所能做和正在做的一切，我的使命是"让我所到之处均能留下温暖和光明"。期待我们都能成为温暖和光明的源头，为世界送去温暖，为世界传播智慧与光明。

4.3　主动学习，成功转型——说说我从全模块转培训之路

文/涂芳

本文作者简介：国家职业生涯规划师；RIA 学习力认证导师；全国知名三级拆书家；AACTP（美国培训认证协会）认证培训师；10 年以上的中高层管理经验、6 年以上的组织人才培养实操经验，长期致力于岗位经验复制的 TTT 实战训练、面向高潜员工及中基层管理人员的职业规划、人际沟通及学习力提升等。

从事事务性工作的 HR 在工作几年后常常会萌生转型的想法。综观人力资源管理的六大模块，培训管理是很多 HR 重点考虑的方向。

HR 在以往的工作中虽然会接触一些培训工作，但是大多还只是停留在初级阶段。例如，给新员工介绍公司规章、文化愿景等，而这离真正的"培训管理"还有很长一段距离。对于想要转型或者精进的 HR 来说，应该怎样做呢？也许我的亲身经历，能给你带来一点启发。

1. 想的太多，不如亲自走出去试一试

在从事多年的 HR 事务性工作后，我开始思考下一个五年：是选择继续往人力资源的综合管理岗发展，还是选择一个专业的模块深入积累？在很长的一段时间里，我都没有找到答案。

直到有一天，我同时拿到两家公司的面试通知。面对人力资源经理和培训主管这两个岗位时，我没有考虑薪酬、距离及公司发展前景，只是在心里问了自己一个问题："我更想尝试哪个岗位？"这时的我没有了纠结，果断地选择了后者。

这个看似冒险的决定，最终改变了我整个的职业发展轨迹。回归自己的工作初心，允许自己去"试错"，也许就是职业转型期理性判断的方法之一。

2. 看似云淡风轻，其实都源自反复的练习

我加入的是一家全国知名的工业建材企业，我加入的那年恰逢公司发展的鼎盛时期。到岗后，我的首个培训任务就是做销售人员的入职培训。那时，我单纯地认为这只是一个照本宣科的宣讲任务而已。

有一次，主讲产品知识的销售经理临时外出，当我负责整个培训任务独自走进教室时，10 位来自不同行业的新员工端坐在台下，他们眼神中透露出对公司产品的期待，而那时我的内心却是忐忑不安的。以前听销售经理讲解这个内容时，感觉行云流水、妙语连珠。而我磕磕巴巴勉强完成了培训课程。当新员工询问我一些竞品差异化的问题时，我更是无从答起，非常尴尬。

课后，我的心情十分沮丧，同事安慰我"第一次失误了很正常"，但是我的内心却陷入强烈自责。因为我对培训的轻视，导致新员工对公司产生了负面的看法，我下定决心一定不能再让这样的事情发生。

接下来的三个月里，我每次都会认真聆听和记录销售经理的产品知识讲解，然后将其整理成逐字稿和培训课件。私下里，我还会反反复复地背诵，一遍又一遍模拟讲解。直到有一天，我鼓足勇气向销售经理申请到一次独立讲授的机会。那天销售经理一脸严肃地坐在培训教室的最后一排，当我从容地向新员工完成讲解后，我看到他露出欣慰的笑容。那一刻，我的内心充满了收获感。

对于培训管理者而言，哪怕学员只有两三人，哪怕主题看似简单，也要全力以赴地去准备。只有不断充实自己，才能让自己率先成为公司里的专家。

3. 围绕业务，才是培训管理的终极目标

通过自己扎实的培训工作，我很快赢得了公司领导层的信任，晋升为部门经理。职位的变化，虽没有改变我对培训的初衷，但让我发现我的个人能力遇到了瓶颈。公司的快速扩张、销售人员的流失让骨干力量的培养成为迫在眉睫的事情。然而，我尝试过很多培训方式，都没能有效满足组织的需求。

直到无意间在电视里听到主持人说了一句"高手在民间"，这句话瞬间启发了我——公司里原本就有很多才华横溢的销售精英，有的擅长推心置腹、有的擅长人情世故、有的擅长严防死守。我只要总结他们的优秀经验，并尽可能搭建展示与复制的平台，不就离人才培养更近了吗？

随后的两三年，我将传统的培养方式设计为更符合销售特性的"以赛促学"的人才培养方案。每年举办两次"销售精英骑手赛"，让全国各地的一线销售人员进行激烈的角逐。每期比赛均以组织绩效为导向，利用充满仪式感的闯关环节，让员工不仅学会用结果说话，更愿意走向讲台，分享各自的成功经验。通过个人与团队经验的不断迭代，最终整理成多种典型的销售案例，成为全体人员的智慧锦囊。同时，为了让"教材"更加鲜活，我们每年还会安排不同阶段的老员工，以各种有趣的形式向新员工讲解他们在工作领域的成功经验。

在以往的经历中，培训效果不好往往是因为讲师"自说自话"，没有贴近组织、团队和学员。新生代的员工拥有自由、平等与创新的特性，只要我们秉承开放的原则，他们就十分愿意发现问题、探寻问题、解决问题。

4. 主动学习和思考，才是个人转型成功的"公开秘密"

回顾前几年，是自己阅读组织人才发展、培训技术工具相关书籍最多的时候。每当在书中发现有价值的片段时，便如获至宝一般，满脑子都在兴奋地构思如何可以尽快地将其应用在培训工作中。也许，正是这种高效的经验萃取与实践，才让我深刻理解了"上接战略，下接绩效"的真谛。

作为一名培训管理者，唯有始终立足组织和学员需求，勤思辨、重迭代，才能不断地精进个人对培训的深度理解和操盘能力，打造出更贴合企业实际的企业人才培养项目。

4.4 歪打正着，势不可挡——谈我在外企和互联网巨头做培训的点滴

文/程凌超

本文作者简介：中国社会科学院研究生院金融管理硕士；58英才商学院特聘荣誉讲师。长期从事市场、销售运营及培训管理相关工作，曾就职于世界百强企业 LG 电

子中国总部，百度营销大学资深网络营销顾问，大区区域经理，58 集团培训总监。

这个世界上有很多行业，但是没有一个行业能比帮助别人改变命运更有意义、更有价值，这个行业就是教育培训行业。学校里的老师如同蜡烛，燃烧自己，照亮别人，又如同园丁，辛劳培育出美丽的花朵；企业里的老师，他们帮助企业培养适岗的新员工、赋能在职员工、提升管理层的管理水平和领导力。我就是这个教育培训行业大家庭的一员。

2005 年大学毕业后，我开始步入社会，开启了我的职业生涯。我的第一份工作是与所学的专业相关的国际贸易工作，我入职的公司虽然不大，但融入起来还是遇到了很多问题，如岗位的理解、团队的沟通、业绩的达成、向上的沟通、内部的发展等。当时公司也有经理亲自开会做个人分享，但个性色彩太强，且与我刚入职的实际情况不太贴合，对我个人的实际帮助并不大。公司没有专门的培训部门，身边的领导也很难有针对性地去辅导和培养我，后来我就试着在网络上寻找资源学习。就从那个时候开始，我对企业培训有了一定的了解，并通过一些培训大师的精彩演讲视频对培训产生了浓厚的兴趣，这可以算是我第一次职场转型的启蒙。

我真正开始培训职业生涯是从 LG 电子开始的。感谢 LG 电子当时的领导，给了我从事企业内部培训工作的机会，感谢 LG 电子当时的团队和同事，给了我培训专业领域系统的培养。当时公司非常重视培训工作，对于我这个职场和培训岗位双"小白"来说，这是一个很好的机遇。要想做好培训，首先要求我们自身要过硬、过强，公司针对新入职的全国专职讲师进行了封闭式的 TTT 系统培养。课前学习、翻转课堂、外部专家、现场演练、视频反馈、集体团建，让我至今印象深刻。TTT 的学习让我们知道了教育和培训的区别、企业培训的价值和定位、培训工作的"八段锦"、讲师的职业形象和技能养成。TTT 的学习解决了培训师的专业性问题，回到岗位中我们面临的更多的是一个又一个具体的实际问题和工作任务。这就需要讲师团队群策群力，根据问题和任务，结合培训专业进行培训项目的设计、课程的开发、讲师的试讲、推进实施落地、总结评估。从新品上市资料编撰、销售技能话术整理，到外部培训资源的引入和二次开发，我们不断地将TTT 所学应用到具体的培训任务中，以学促用，以干促学，实现良性循环。如今回想起来，在 LG 电子的职场培训经历，不仅帮助我走上了培训的道路，同时也是对我培训专业帮助最大的一段宝贵经历。

随着 BAT（百度、阿里巴巴、腾讯三家公司的简称）三大互联网公司的发展和崛起，互联网行业公司面临新兴的业务、年轻化的员工、业务和团队的双重扩张，其对培训的工作也开始给予了很大的关注和投入。在这样一个大的背景下，我离开了传统行业的 LG 电子加入了百度公司，从事大搜业务团队的培训体系搭建工作。与之前工作相比，新工作最大的挑战来自两方面：第一，组织和业务单元对培训工作的要求，更多的是强调培训覆盖的效率和解决问题的效果；第二，运营单位中的渠道团队，即各个代理商团队，由于各自有着不同的领导，差异性很大，培训工作需要在一个非统一性要求的前提下，进行统一化的培训。有挑战就有机会，机会就是互联网公司独特的沟通方式和行事风格，组织架构扁平化带来了沟通效率的提高，团队年轻化为团队带来了朝气蓬勃和高效的落地执行。将机会和挑战统一起来，就是总部搭建框架，从前端产品、中端策略、后端销售中提炼萃取开发内容，业务单元的伙伴们主要负责实施和落地，有问题、有困难，第一时间给予远程和现场的支援，有典型、有标杆，第一时间进行访谈调研并全国复制。最后做好培训闭环，数据化呈现培训实施情况和效果评估结果。"在战争中学习战争，在游泳中学习游泳"，为了更好地理解企业经营和业务运作，我后期转岗做了区域经理，负责对接东北和山东地区的代理商。

2015 年，互联网领域分类信息的两大巨头——58 同城和赶集网合并，同年，我离开百度加入了 58 同城。先后负责 58 同城客服中心的培训质检工作和 58 速运（后改名为"快狗打车"）的全国业务培训工作。如果说我在 LG 电子和百度的职场阶段更多的是学习和提升，那么我在 58 同城的四年更多的是施展和融通。用业务的思维设定培训目标，标准化培训动作，推进落地实施并组织效果评估，解决培训"最后一公里"的问题；从组织发展的视角迭代培训框架，聚焦关键路径，完善"学习地图"，优化培训内容。一方面立足培训，做好企业内部知识管理，搭建培训体系，包括组建专（兼）职培训讲师队伍、沉淀基于岗位配置的课程、设计符合企业实际的运营制度。另一方面与业务部门及其他横向部门共同分析和解决业务问题，诊断组织健康度，在培训体系框架的基础上灵活机动地支持业务发展。业务部门对业务理解的深度、横向部门对培训的依赖度和认可度，决定了培训讲师团队在企业内部的价值大小。从个人的角度来说，要想加深业务了解需要多渠道搜集和学习企业经营信息，不断靠近业务，抓住并创造机会参与业务团队的会议，研读业务团队的总结报告，定期深入一线进行访谈和调研。培训团队内部会议交流、组织内部分享赛、业务团队转岗招募专讲都是提高团队整体理解业务的好方法。要想取得横向部门对培训的认可，就需要满足对方对我们的预期，真正帮助企业解决实际问题，为横向部门提供可行的建议，不断为公司和横向部门创造实际价值。

要想给别人一杯水，自己要先有一桶水。对于从事培训岗位的我们来说，这一点尤为重要，因为我们的学员和上级总是对我们充满了期待。随着科技的进步，知识获取的速度和质量都有了质的飞跃，培训对象和培训讲师之间的信息和知识差异越来越小，这也就意味着在新的时期、新的阶段，培训讲师的岗位挑战也越来越大。

所谓"师者，所以传道受业解惑也"。企业内部的师者，"传"的是企业经营之"道"，"受"的是岗位任职能力之"业"，"解"的是组织和业务发展之"惑"。每个企业都有自己的实际情况，所以就需要我们立足所在企业的实际，利用我们的专业做好企业内的"传道""受业""解惑"。

最后再次感谢一路走来的领导、同事和从事培训工作的朋友们，一个人走得快，一群人走得远，希望我们相约在高峰！

4.5　脚踏实地，从零到一——说说那些年我踩过的"坑"

文/杨威

本文作者简介：现任某合资保险集团培训部门高级经理。从事教育培训十几年，曾先后在五百强外企、知名央企工作任职，从事业务培训设计开发与授课，高层领导力发展及人才测评项目的设计与落地。

很荣幸能有机会分享这些年我在培训领域的一些工作感悟。下面分享的经历中，有很多是我这些年踩过的"坑"或者走过的一些弯路，希望这些内容能为读者朋友带来一些启发，结合本书中的一些建议，希望大家能够得到一些帮助。

1. 教学的窘境

如果把学历教育也算作培训的话，那么我的第一份工作就与培训有关。我的第一份工作是在学校的实验室做实验课老师，同时我还兼任教学秘书的角色，大家可以把这个工作看作学校这个"企业"中一名"兼职授课"的"培训经理"。当时我做的工作目标大体上就是准确、快速地传达大量的知识，并且通过有体系的知识阶梯，使人获得成为专业领域研究者的资格。

但是在教学管理和授课中，我碰到最大的问题就是，不论老师的科研水平如何出色，教学管理如何精益求精，学生的学习成绩表现仍然很难达到教学要求。面对这个问题，我们选取的解决方法就是通过增加作业，加强各方面教学考核来提高学生成绩。但这种管理方法收效甚微，甚至还起到了反作用，如学生的对抗情绪明显提升等。之后的一段时间，我们都在这个"分数—控制—抵抗"的怪圈中循环，我发现自己已经陷入了教学管理的窘境。

2. 从"怎么教"到"怎么学"

在第二份工作开始，我开始作为讲师来负责公司的销售培训，此后的十几年我又作为培训经理开始负责潜力人才培养和高层领导力发展项目。这期间我最大的收获是学到了成人学习理论等专业理论，而且开始关注以学员为中心的学习设计方法。这些使我从原来关注"怎么教"而转变为关注"怎么学"，我开始明白原来在学校中我采取的一些举措没能有效帮助学生提高的原因了，而这个领悟的过程是在自己的成长和外部的帮助下逐渐清晰的过程。

3. 那些年我踩过的"坑"

在成长的过程中，我碰到的"坑"从学习的影响因素来讲大体有三类。第一，学员们大多参与培训的意愿度很低，甚至有抵触情绪，究其根源大多是学员被动参加培训，在培训需求沟通时并没有考虑学员的动机、情感及本人意愿。第二，一些学习活动，将工作坊、培训、教练及辅导使用"错位"，结果目标和努力"南辕北辙"，既浪费了资源，又错过了处理问题的最佳时机。第三，是一种比较常见的因素，如老师不靠谱、内容不给力、问题没解决等，这些问题培训经理多数要在自己身上找原因，可能是设计或者管理不善造成的。

当然，作为培训经理我们还常常遇到其他方面的问题。例如，某些需求不是培训或相关活动能解决的问题；某领导提出的培训需求不明确；预算远小于解决方案费用量级等。

针对上面的问题，我还是想从人的能力发展方面给大家几点建议，希望能对广大读者、培训经理有所启发。

（1）花时间了解社会、商业、公司、业务的本质，关键是了解"人"。

不论是在公司、政府、学校中还是在NGO组织（非政府组织）中，人的学习和发展都离不开与他人、组织、社会互动。大家工作时往往因为自己的局限性，而不能很好地洞察问题、厘清关系。了解商业、公司、组织和业务的知识，了解人性，才能做到兼顾问题和关系，进而清楚培训的需求。培训的设计依赖于对"人"或者说对成人学习方式的一种把握。所以工作质量的提高和完善的方式往往既要向内看把握人性，又要向外看把握外部情况。

（2）寻找一位能给你指导的导师和一群志同道合的伙伴。

人的能力提高除了需要系统的训练，还需要外部环境的配合，这样才能达到事半功倍的效果。在外企的职业经历中，我能迅速胜任工作并取得成绩，离不开所谓"馒头"（导师，Mentor）的帮助。大家笑称："馒头在手，江湖我有。"这就体现了导师的作用。"一群人走，往往能走得更远"，志同道合的职业伙伴非常重要，他们能够帮助你取长补短，为你的进步举杯欢庆，为你的坚持加油打气，也能激发你面对挫折的勇气，和他们共同成长。

（3）对于初学者来说，学习"术"并且扎实实践是能力成长的基础。

我自己受到的教育强调理念多、理论多，而往往忽视了具体实践。后来经过学习和反思，我认识到在自己当时接受的教育环节中的缺失，明白了学习需要不断试错积累才能真正提高，切忌好高骛远。

（4）培训不能为你带来直接利益，也不能为业务带来最直接的价值贡献，但其有自己的服务型价值。

（5）希望大家能够怀着自己的真心和热情面对培训事业。国家在转型、社会在变化、科技在发展，培训发展这个职业的价值也逐渐清晰和凸显，希望在这份事业中大家在为别人带来价值的同时，也能够实现自己的价值。

4.6 放弃"自嗨"，思考价值——被高管挑战后我的培训路

文/王嫚

本文作者简介：专注组织与人才发展工作 10 年，7 年领导力发展项目经验，6 年企业大学构建经验，1 年个人职业发展辅导与教练经验。甲方 9 年培训与组织发展经验，先后在金利来服饰、金风科技企业大学负责培训和人才发展工作。2016 年 11 月至今从事企业人才培养咨询工作，为众多企业提供战略人才培养项目、企业大学构建、培训体系优化等项目。

每个培训经理都想成为高价值的专业工作者，在承接企业战略、助推业务、体现培训价值的同时，提升自身价值和影响力。成为高价值培训经理是培训经

理毕生的追求。那么，高价值培训经理首要需要思考的问题到底是什么？

作为一个"80 后"且在培训行业混战了近 10 年的培训经理，我在前 5 年从来没想过这个问题。那时我参与筹建了企业大学，各项培训如火如荼，天天忙得不亦乐乎，充实感、成就感是当时的主旋律。

当时我服务的企业有 6000 人，是风电行业龙头。2011 年年底，我所在的培训中心开始牵头筹建企业大学，2012 年挂牌成立。当时我们做了几个项目，想在年底向相关领导汇报一下，希望能够得到领导的肯定、支持和关注。我们的汇报对象是最大业务单元的副总裁，我是主要汇报人，但是还没等我开口，副总裁先开始发问："你们做了这么多培训，效果到底在哪儿？"一句话把我提前准备的汇报完全颠覆，大脑一片空白，因为之前准备的都是项目、课程、学员反馈相关的内容。副总裁看我们也答不出来，就说了一些他的想法和期望，但是我对后面他说的具体内容印象模糊，因为我还一直沉浸在他的那个问题中。

直至现在，我一直围绕这个问题不断探索和学习，在各种场合与人交流，也果决地从甲方来到乙方，只为寻找答案。我觉得做培训有两件事要做好，一个是做正确的事，一个是正确地做事。我认为大到公司人才培养规划，小到培训计划和培训项目设计，作为培训经理首先回答一个问题——"我做培训的原因是什么"，我认为培训经理要想正确理解这个问题，就必须理解"组织"这个概念、读懂公司战略、理解商业模式、明白各业务支撑战略的目的与逻辑，把这些转换成我们培训需求的三大来源与驱动。一是战略驱动，主要依据组织战略方向、战略举措、重点任务分析对组织能力的要求；二是问题驱动，在战略执行落地过程中，存在的哪些管理问题、业务问题，是可以通过培训影响和解决的；三是能力驱动，基于岗位胜任能力和绩效结果寻找差距和不足。这三大驱动相互作用，相辅相成。

有了三大需求输入（驱动）后，还需要再进行具体分析，这一步最关键的地方是我们如何筛选出有效的培训需求，从而找到培训切入点。三大需求输入会梳理出很多需求，但培训不是"万能药"，一定有培训不能解决的问题，所以培训经理要有识别和筛选的能力。这个问题的解决我总结了"系统性思考，策略性优选"四步法。第一，要分析我们筛选出的需求培训是否能够解决或产生影响，如果是培训无法解决的问题，先剔除。第二，我们要分析这个问题本身的价值，以及这个问题的解决对组织的价值，因为我们需要把有限的资源投入到最关键的事情上。在这一步，我们需要基于对战略、业务的理解分析这些问题，从培训的角度排列出优先级。第三，我们需要评估培训团队做这项培训的能力和资源，即如何协调内外部资源、保障落地。第四，我们需要对培训效果有明确预期，就是要明确目标、效果和价值及衡量方法。这一步很重要，因为培训效果与价值的体现一定是提前思考和设计的，没有经过思考和设计的培训，其效果一定会大打折扣。

曾经的我在培训工作中很迷茫，也在犹豫是否转型。当被那个副总裁问到那个问题时，我在惊愕、恐慌中突然顿悟，并且决定改变与探索。后来的几年，从负责企业大学的培训下沉到业务单元，再到加入乙方跳出圈子看问题，我只为这一个初衷和目标——回答好要做培训的原因，让培训真正能够助力业务，体现价值。

4.7 自我对话，华丽转身——"三定"让我成为职业讲师

文/陈亭如

本文作者简介：曾任广发银行武汉分行培训经理，16 年培训管理与讲师经验，其

中 12 年金融行业培训管理经验，6 年企业外部咨询顾问和职业讲师经验。擅长将心理学与人际关系、教练技术与企业管理相结合，通过教练对话、辅导等行为，帮助高管及其团队提升绩效，现已从培训经理成功转型为职业讲师。

一直做培训经理的我，在 2014 年转型成为商业讲师，一直以来我都坚持一个理念：一寸宽一里深。这几年我一直聚焦在团队建设管理、高效团队打造、领导力发展方面，得到了不少客户的认可。

回顾过往的成长历程，我总结出"三定"，希望能给企业内部的各位培训经理一点启示。

1. 定位

如果你是企业的一名培训经理，你在职场中给自己的定位是什么？

现在很多企业拥有自己的企业大学，并且有一整套组织发展与人才培养的体系；有的企业把培训归属于人力资源下面的一个版块；有的企业将培训单独作为一个部门；有的企业没有培训部门，只是 HR 或行政人员兼任，培训工作一般都是交给部门主管来完成的。无论你所在的企业对培训工作如何看待，在职场中你对自己的定位决定了你未来的职业生涯！

要想体现自己的工作价值，必须学会多视角定位自己的培训管理工作。

定位自己是领导的"眼睛"：善于随时发现企业中的问题，整理成一个或几个可执行的方案。切记不可只抛出问题，让领导来找解决方案。有时由于层级的原因，培训经理整理的解决方案不一定会得到应用，但无论领导是否会用，你都要认真准备。这是培养我们学会站在更高角度看问题的能力，也是培养我们向上管理的能力。

定位自己是业务经理的"双手"：要站在业务角度思考如何帮助业务经理更好地带领下属提升绩效。课程的设计一定要和业务经理多交流，不懂业务的培训经理是无法开发出好课程的。最好能够和业务经理一起开发课程，业务经理提供素材，培训经理提炼，形成组织经验萃取模式。这样在培训实施时，业务经理也会积极支持和配合你的工作。

定位自己是学员的"双腿"：能落地的课程才是学员最想听的课程。培训课程要想与学员的实际工作相结合，平时就需要与学员多交流，甚至和他们一起去现场。脱离现场的培训很难抓住学员的心。

定位自己是培训工作的效果实施者：在实施过程中对实施内容进行整合，以训后效果为导向的实施才能建立起领导者、管理者和员工对你工作的真正肯定。

多视角的定位自己的培训管理工作会让你开发的课程有高度、有宽度、更有实践应用的深度，只有这样定位自己才能让你的职业生涯走得更长久！

2. 定价

定价是对自我内驱的激发，是对价值观的探索。作为一名培训经理需要不断自我激发。

价值观的寻找不是短期内就可以找到的，因此可以先找到一个榜样，并观察他身上的品质。我当时看的第一本培训书籍就是苏平老师写的《培训师成长手册》，这也可以算是我的启蒙书籍了。书里提到的培训师技巧、课程开发技巧，对我而言，充满了新鲜感。那时候我就一直在想：如果有一天我能像苏平老师那样开发出那么多的好课程，那将是一件多么让人开心的事情啊！当时的课程开发就是照着书里面的问题树模型来设计的，我也一直把苏平老师当成我的榜样，当今天我站在讲台上给别人去讲课程如何开发时，我觉得我实现了当时的梦想。

这就是榜样的力量，哪怕是在当时看来不可能的事情，但只要你敢想，你就会拥有强大的内驱力，让你"定住"自己的价值观，并终将有一天会实现！

定价需要不断深耕细作，培训师最终能够获得成就的还是他的深度！

3. 定力

做培训这些年，我发现支撑一个人走得久的往往是他的定力，定力与初心有关。

培训经理这个岗位是一个厚积薄发的岗位，需要有定力才能绽放精彩。作为企业的培训经理，是否有足够的定力在这个岗位、这个行业里发展呢？

把兴趣变成志趣。我当时在做培训经理时是基于兴趣选择了这个岗位，被这个职业的光环所吸引。但后来我发现，培训经理是一个非常辛苦的岗位。兴趣是多样的、易变的，回想我们从小到大，有过多少兴趣爱好，能够坚持下来的又有多少？而志趣是单一的、恒定的。能够把兴趣变成志趣，中间需要一个台阶，这个台阶就是"乐趣"。要乐在其中，享受兴趣带来的从感官到内在的快乐。

找到让你澎湃的动力。澎湃的动力就是"初心"。在2014年刚转型的时候，我也曾迷茫过、彷徨过、犹豫过、后悔过，但每当想到一位导师讲的一个故事，我就会立刻激情澎湃。在一座寺庙里一位老和尚即将远行，临行之前叫来三个徒弟，交代他们：我准备出门云游一年，寺庙前面有三块荒地，你们需要在我回来时除去荒地里的杂草。交代完后老和尚就走了。三个徒弟对师父交代的事情非常重视。第一位徒弟非常勤奋，他拿上镰刀弯着腰一点一点地割草，花了一个月的时间终于把荒地里的杂草割完了。可到了第二年春天，荒地里又长出了许多杂草。

第二位徒弟非常聪明，他在荒地里放了一把火，很轻松地把杂草全部烧光了。可到了第二年春天，杂草又全部长出来了。第三位徒弟等师父走后，去集市上买了好多的鲜花种子，他把杂草除去并把鲜花种子全部种到地里，第二年春天，地里长满了鲜花……

这个故事告诉我们：每个人心里都会有杂草，这些杂草就是我们的负面信念和情绪，我们如何除去这些杂草呢？硬生生地拔，大火烧，都只能管一阵子。强制除去负面信念和情绪会在我们心里留下伤痕，而且只是短期行为。太多人的内心长满杂草了，我们作为培训师，有责任也有义务去做播种的事，鲜花种子就是积极正向的能量，这就是我做培训师的动力，虽然力量很小，但我愿意通过我的不断播种，把鲜花种子撒到更多人心里，也许不一定会开花，也许好久才会开花，但只要我做了，我就相信鲜花终会绽放！

4.8 精耕细作，拼命成长——从 500 强起步做好培训经理

文/辛欣

本文作者简介：17 年的培训及管理经验，尤其对终端销售领域、提升顾客体验的培训项目研究有着丰富的实战经验，先后在 LG、Sonos 等外资企业担任培训总监等职务，负责培训工作，并为 Apple 大中华区零售店面提供零售体验服务培训。对企业内部培训体系搭建、销售人员培养、店面管理者培养、内部课程开发等有非常丰富的经验。

我选择创业后，有一次，我的银行理财经理在给我做理财风险评估时问："女

士，您的职业是什么？打算什么时间退休呢？"我快速回答道："我是一名自由职业培训师，选择这个职业，就是为了到退休的年纪我也可以不退休，使自己越来越有价值啊！"这不是一句玩笑话，是我的真实想法。坦白地说，我并不是一个擅长做长远规划的人，但在职业选择这条路上，我清楚地记得自己的初心，这里和大家分享一下我的职业经历，希望能给大家带来一些启发。

我读的是师范专业，大学毕业后，我选择从东北到山西工作，并找了一份销售助理的工作。两年后，我来到了北京，在一家互联网企业的人力资源部做行政管理和培训工作，当时的人力资源总监对我说，她很欣赏我在培训工作方面的表现，并鼓励我进行更多的尝试。也正是在那个时候，经历了三份不同岗位工作后的我选择重新回到讲台上。

机缘巧合，2005 年我进入了一家世界 500 强公司，职位是产品讲师，入职一周后就被送到韩国封闭培训了 22 天，在那里，我们每天早晨 6 点起床，牺牲自己的睡眠时间用来洗漱、化妆（韩国企业要求讲师要以良好的精神面貌出现）。7 点去餐厅吃饭，8 点开始上课直到晚上 10 点左右，回到宿舍后还要做小组作业或个人作业，每天几乎都是到凌晨才能入睡。20 多天后，我们有了飞跃式的成长，专业更精进、娴熟，回国走上讲台的那一刻，我更加自信了。我在这家公司差不多工作了 8 年，积累了大量的宝贵经验，也为这个组织培养了很多培训经理。

当我的职业生涯再次出现瓶颈期时，我已经 32 岁了，我开始思考：我要不要给自己一个机会成为一名妈妈，但我的职业发展会因为生育而带来影响甚至阻碍。今天看来我当时做了一个非常正确的决定，因为如果错过成为妈妈，我可能永远都无法挽回，但职业生涯的影响，至少我有机会通过自己的努力去挽回。

在外企的工作经历令我整个职业生涯受益良多，我学到了先进的管理模式、体系化的制度和流程、系统的业务运营等诸多经验，这些内容沉淀下来都是满满的财富。但韩企只是外企中的一部分，欧美企业会是怎样的呢？带着这样的好奇和期待，在宝宝6个月大的时候，我离开了工作8年的那幢大楼，两天后我走进了新公司的办公室。

新加入的企业的扁平化组织结构，使我们每个人都能与总经理、创始人近距离工作。与站在高处的人一起共事，我们就需要不断提升自己，才能应对来自他们的问题。同时，每一次的业务对话，我们也都会有启发和成长。

在新公司，我所负责的培训工作多与营销相关，所以常驻业务部门是十分必要的。与业务人员近距离工作可以让培训更快落地。为了让自己在这个领域有更多的践行、建树，因此我选择纵向深耕。这里，我也给正在读本书的培训经理一个小建议，假如你希望在某一领域选择一条纵向深耕的职业发展路线，那么岗位的选择尤为重要，虽同属培训模块，但企业的关注点并不一样，该企业能不能契合你的选择是必须考虑的内容。

在这一家公司工作的近7年间，销售培训从无到有，我一手打造了销售大学和所有的培训体系，哪怕是终端销售的一句话术都是我一字一句反复斟酌之后敲出来的，这些在我心里特别珍贵。然而，当一切走上正轨，我的职业再次出现了瓶颈。此时公司做出了一个重大举动——为IPO（首次公开发行股票）阶段做准备，实行全球裁员，中国区有30%的员工被裁掉，我也是其中一员，完全没有可惜和遗憾的部分。这个动作好似一个助推器，帮我做出了一个选择，也走上了另一个台阶。事后，创始人来到中国。在这家企业刚进入中国时我们一起和他奋战，他一直鼓励着我们坚持。如今企业不得不因上市而裁员，虽然他已不再参与管理，退居二线，但仍然向我表达了感激和歉意。作为一名培训经理，为这家企业我做了该做的、能做的，同时也获得了同事们的认可和领导的赞誉，这已足够。

在离职之后，我选择了和朋友一起创业，共同打造一家咨询公司，利用十几年来在企业里积累的宝贵经验，我顺利从甲方移步到了乙方。就这样，曾经的一位培训经理，在经历了职业发展中的蛰伏期、成长期之后，完美转型进入职业生涯的爆发期。我希望在合伙人与我的共同努力下，可以将我们的企业做得更好、更强。

最后，我给各位培训经理的忠告：无论你现在处于职业发展的哪个阶段，脚踏实地地积累业务能力，沉淀过往的宝贵经验，职业化、专业化地树立你的个人品牌，这些都会助力你走上职业巅峰，拓展更加美好的未来。

4.9 培训管理者的九个境界

文/白静恩

本文作者简介：现任《中国培训》杂志主编，北京恩约天下文化传媒有限公司CEO；采访过众多培训专家、培训管理者、领域"大咖"，对培训生态圈有独到的视角与见解。

同样是做培训，不同企业的培训管理和运营因为培训管理者的"段位"不同，企业所处的发展阶段不同，培训的成熟度也会相差甚远，而培训对于企业所彰显出的战略价值自然也是天壤之别。

结合多年来从事的《中国培训》杂志主编工作和接触过的众多培训管理者，我简单梳理出当前企业培训管理者做培训的九个境界，主要是基于培训对企业战略价值大小进行区分。

从第一境界到第九境界，培训也越来越有战略规划性和体系性。培训的目标性和针对性越来越强，培训对象越来越普及，培训运营和管理日趋成熟，培训的形式和技术越来越多元化，而培训的效果也更加凸显，其战略影响力也越来越强。

1. 为了培训而培训

事实上，有许多企业的人力资源总监是以招聘工作为主的。有些是对培训的价值缺少足够的认知，更多的则是迫于当前企业招聘工作的压力，没有精力规划和设计培训，没有时间专门做各部门的培训需求调研。然而领导又希望公司重视人才的培养，所以 HR 就会从外部引进一些通用的领导力、执行力、沟通、团队建设等培训课程，目的是花公司的培训预算，让领导看到人力资源部门在培训方面采取的行动。在一些非市场化的国有企业或事业单位，也能看到一些单位为了花掉培训预算而进行的培训。

这种培训，不关注培训的真正效果，更谈不上基于战略的人才培养，它只是把培训当作一种员工福利。

培训成熟度：★

战略定位：为了花掉培训预算、完成任务而培训，不重视效果。

主编点评：为了花掉培训预算，完成培训任务，属于形式主义培训。

2. 基于岗位需要做培训

有些初创企业的第一要务是生存和发展，一般不专门设立人力资源部门，只在员工入职时做必需的岗位培训，基本上都是公司管理层给新员工做公司发展规划、业务领域专业知识及技能的培训，或者是师父带徒弟式手把手地教导。

对于一些组织结构相对稳定，处于成长期且发展态势比较稳定的公司，企业人力资源管理者开始着手建立岗位任职资格体系。这样的企业除对公司的新员工或新晋升的管理层进行入职培训外，还会基于岗位能力和素质的需要进行培训，培训内容主要以专业知识、岗位技能的提升为主。这种培训一般由内部进行组织，请经验丰富的技术人员主讲专业知识培训课，或由直接上级来带，边实践边培训。

培训成熟度：★★

战略定位：让员工能胜任所在岗位，做好本职工作。

主编点评：目的性简单直接，是基于眼下员工的工作需要而进行的培训，但对人才培养缺少发展性的规划和设计。

3. 针对性地解决业务"痛点"进行培训

一般在比较小的处于成长期的企业中，领导发现公司哪方面存在不足或需要改善的问题，为了解决问题会安排相应的培训。例如，管理层的管理能力严重不足、销售团队销售能力跟不上、员工职业素养不高、团队协作能力较差等。针对这些问题，公司会安排引进一些领导力培训、销售技能培训、职业素养培训、心态培训、团队合作培训等培训课程。

这类培训具有较强的针对性和目的性，但培训效果不太明显。这类培训一般是比较随机的安排，而不是在深入分析和评估培训需求后进行的体系化规划和设计。

培训成熟度：★★★

战略定位：通过培训来解决业务中存在的问题。

主编点评：这个阶段的培训管理者有了解决业务问题的意识，但还缺少系统解决问题的方法和逻辑。

4. 针对核心员工需要设计培训项目

有些发展相对成熟的公司比较重视核心人才的培养，把培训的重心锁定在人才的培养和发展方面。这类培训开始着手构建核心或关键人才的岗位胜任力模型，并引进专业的人才测评，对现有核心人才进行评估，结合其岗位胜任力模型，找到每个人才在岗位胜任方面存在的能力短板，然后据此设计相应的培训项目来改善现状。例如，有些连锁企业会专门设计针对各门店店长的培训项目、针对中高管的领导力培训，以及高管投资和战略培训，这类培训一般会采取混合式学习的形式。

一些基础知识理论课，一般会采用线上学习平台方式来实现；一些实践案例讨论课，一般会在线下进行，如行动学习、案例研讨、情景领导、体验式学习等，旨在提升核心人才的胜任能力，从而在其岗位上做出更优秀的业绩。

培训成熟度：★★★★

战略定位：加强核心人才队伍的能力素质，让业绩更优。

主编点评：培训对象比较聚焦，培训效果开始凸显，但容易造成与组织其他员工的能力脱节。

5. 构建覆盖全员的培训体系

当企业规模发展到一定程度，企业领导者也意识到了各层级员工同步成长对于企业战略实现和企业可持续发展的重要性，于是开始规划覆盖全员的培训体系。鉴于人力、财力、地域差异的局限，企业一般会引进在线学习平台，便于所有员工都能高效便捷地进行学习。同时，企业针对不同层级会设计针对性的培训发展项目，根据实际需要，融合了线上学习、线下培训、轮岗实践、标杆考察等混合式的学习方式，并且以特别的命名逐渐将学习项目品牌化、标准化。除此之外，企业还会通过参加一些行业分享和举办的学习项目设计大赛，来提升公司和培训部门的品牌形象。

此外，许多企业培训管理者在为企业培养人才的同时，还肩负着宣传与传承企业文化的使命。

培训成熟度：★★★★★

战略定位：让各层级员工同步成长，保障企业可持续发展。

主编点评：真正到了专业做培训的程度和水平。

6. 为企业未来战略培养后备人才

当企业发展到一定的规模时，企业开始建设内部的人才梯队，对每级管理岗位、核心技术岗位都拟定接班人计划，然后为其未来的晋升制订相应的培训成长计划。一般企业的重要岗位会有 1～2 个替补人选，以备企业未来发展中的不时之需。

有些企业会不断招聘优质的毕业生作为公司的管培生，通过2～3年的培训、转岗和业务实践历练，最后筛选出适合企业未来发展的管理人才。例如，京东的管培生项目很早就开始关注对管培生的培养，并且取得了非常好的成效，这些管培生陆续进入了公司的核心管理层。

培训成熟度：★★★★★

战略定位：让员工胜任未来岗位，助推未来战略落地。

主编点评：培训的规划性、体系性增强，其战略影响力也达到了较高水平。

7. 做知识萃取、管理与传承

越来越多的企业意识到，企业内部知识经验萃取和管理的重要性，开始通过制定系统化的内训师的选拔标准与流程、标准化的内训师培养体系和个性化的激励机制来培养内训师。企业鼓励大家从各自的岗位上萃取优秀的经验和案例，开发适合本企业分享和传承的原创课程，沉淀在企业内部的知识共享平台，便于更多的员工学习和应用。有的企业还组建了内部学习社群，鼓励员工之间相互分享和交流，构建团队共创、共享的学习型组织氛围。

培训成熟度：★★★★★★

战略定位：加速内部经验萃取与内部知识传承。

主编点评：让培训取之于民、用之于民，让优秀的经验可传承，打造不依赖于"能人"的团队。

8. 孵化新项目，培养创业型人才

企业不仅投入更多的人力、物力、财力成本来做人才培养，还挖掘内部现有的自驱力和创新力强的人才，培养和激发他们的创业意识。基于企业业务领域孵化新的获利项目，帮助更多具有可塑性和高成长性的员工实现内部创业，在留住优秀人才的同时，也为企业开拓更多新的利润增长空间。例如，腾讯、华为、百度等公司内部都有这样的鼓励内部员工内部创业的机制和文化氛围。

培训成熟度：★★★★★★★★

战略定位：为公司创造新的价值和利润增长点。

主编点评：不单纯做人才培养，还有创新项目的孵化中心。

9. 为行业和产业链，甚至全社会培养人才

对于那些在内部已经有了覆盖全员的系统化、层级化、专业化人才培养体系的企业，在不断优化内部人才培养体系的同时，逐渐形成了适合整个行业的系列标准化的培训项目，也逐渐确立了企业在所在行业里的前瞻地位。企业开始把内部成熟的培训项目、培训经验对外进行输出，着手为整个行业、产业链上下游培养和输出人才，让企业累积的经验和智慧能够服务整个行业和产业链。例如，海尔大学、京东大学、置信大学、大唐大学等。

培训成熟度：★★★★★★★★★

战略定位：提升公司的行业地位，促进产业的良性发展和社会进步。

主编点评：成为行业发展的领导者和创新驱动者，具有较高的社会意义。

从培训的第一境界发展到第九境界，培训的管理水平逐渐成熟，战略价值也逐渐增强。企业培训部门能够发挥的价值、在企业中的定位和扮演的角色，不单纯受制于企业培训管理者的深厚背景和专业程度，而在很大程度上取决于企业主要领导者对人才培养的重视程度和投入度。资源投入越多，对其定位越高，创造高价值的可能性也就越大。虽然企业培训管理者的自我修炼和团队建设很重要，但选择领导者更重要，选择一个具有高瞻远瞩格局和培养他人意识的领导者，才是我们创造价值的关键所在。

参考文献

[1] 柯克帕特里克. 培训审判[M]. 南京：江苏人民出版社，2012.

[2] 罗杰·R.霍克：《改变心理学的 40 项研究》[M]. 北京：中国人民大学出版社，2015.

[3] 冯友兰. 中国哲学史[M]. 北京：商务印书馆，2011.

[4] 艾莉森·高普尼克. 园丁与木匠[M]. 杭州：浙江人民出版社，2019.

[5] 申先军. 领导者的大脑[M]. 北京：人民邮电出版社，2019.

[6] 葛詹尼加. 认知神经学[M]. 周晓林，高定国，译. 北京：中国轻工业出版社，2011.

[7] 莫妮卡·沃莱恩，简·达顿. 唤醒职场同理心[M]. 郑磊，江政，译. 北京：电子工业出版社，2018.

[8] 哈罗德·D.，斯托洛维奇. 交互式培训[M]. 屈云波，王玉婷，译. 北京：企业管理出版公司，2019.

[9] 罗伊·波洛克. 将培训转化为商业结果[M]. 北京：电子工业出版社，2017.

[10] 哈罗德·斯托洛维奇，艾丽卡·吉普斯. 从培训专家到绩效顾问[M]. 杨震，颜磊，谷明樾，译. 南京：江苏人民出版社，2014.

[11] 古斯塔夫·勒庞. 乌合之众：大众心理研究[M]. 冯克利，译. 北京：中央编译出版社，1998.

[12] 凯文·凯利. 失控[M]. 东西文库，译. 北京：新星出版社，2010.